할머니
집엔
마음이
익어가요

"사랑의 싹이 함께 담겨 있다"

채채의 손끝에서 완성된 하트 접시 위에는 단순한 음식만 놓여 있는 것이 아니었다. 누군가를 떠올리는 마음, 건네고 싶은 온기, 그리고 '주고 싶다'는 사랑의 싹이 함께 담겨 있었다.

사랑은 언제나 이런 마음에서 시작된다. 받는 일보다 먼저, 누군가에게 건네고 싶어지는 따뜻한 마음에서. 그 마음은 채채의 손끝에서 천천히 자라나고 있었다.

할머니 집엔
마음이 익어가요

강민주 지음
상담심리전공 철학박사

손녀와 함께하는 〈할머니 집에는 마음이 익어가요〉

'푸놀치 감성표현 놀이 책'의
탄생을 축하하며

삶의 어느 시점이 되면, 우리는 자연스레 '돌봄'이라는 깊은 주제와 마주하게 됩니다.

그 돌봄의 자리에 언제나 따뜻한 사랑의 손길로 손주들을 돌보는 준비된 감성표현놀이 푸드표현예술치료 전문가로 '할머니'가 되어 큰손녀를 비롯해 세공주를 감성표현놀이로 지혜롭게 돌보고 계신 강민주박사에게 박수를 보냅니다.

이제 강민주박사는

前세대에서 다음(後)세대에게 사랑으로

존재를 잇는 감성소통의 전문가로 창의융합 푸드표현예술치료사로, 자손들에게 삶의 지혜를 전수해 주는 인생의 등불과 같은 역할을 해주게 되니 강민주박사에게 감사한 마음입니다.

강박사는 일상에서 손주들과 함께하는 돌봄의 마음을 푸드표현 예술적 언어로 아름답고 깊이 있게 밥상에서 쉽게 실천할 수 있도록 풀어냈습니다.

이것은 그동안 푸놀치가 지향해 온 음식과 감정의 표현예술이 일상에서 손주와의 관계로 확장되어, 놀이라는 일상 속 가장 순수한 순간을 통해 세대 간의 사랑과 마음의 성장을 이끌어냅니다.

강민주박사의 〈할머니 집엔 마음이 익어가요〉는 손주의 사랑에서 공동체의 사랑으로 사랑이 실천되고 삶을 치유하는 감성에세이 입니다. 이제 음식은 먹으며 생명을 잇는 단순한 매개체에서 벗어나, 사람의 관계를 이어주고 마음을 치유하고 세상을 살리는 밥상 위의 심리학으로 삶을 살리는 도구라는 사실을 우리는 기억해야 합니다.

이 책은 일상 속 밥상 위에서 손녀와 함께하며 발생하는 크고 작은 섬세한 감정의 움직임을 푸놀치 마음여행을 통해 다시 바라보게 합니다.

할머니와 손주가 함께 푸드재료를 사용하여 표현하며 웃고, 즐겁게 마음여행을 하며, 서로의 마음을 읽어주는 그 순간 언어로 다 표현하기 어려운 마법 같은 삶의 치유예술이 펼쳐집니다.

비고츠키의 사회문화이론이 말하듯, 아이의 성장은 관계 안에

축하의 글 : '푸놀치 감성표현 놀이 책'의 탄생을 축하하며

서 이루어집니다. 또한, 에릭슨의 발달이론처럼, 사랑과 신뢰의 경험은 자율성과 주도성을 키우는 첫걸음이 됩니다.

이 책은 그 이론들을 일상의 밥상 앞에서 할머니와 손주가 함께 하며 창의융합 감성언어인 푸놀치마음놀이로 따뜻하게 녹여낸, 살아 있는 교육 심리학의 실천적 현장이라 할 수 있습니다.

푸놀치 감성표현놀이는 단지 손주를 위한 프로그램이 아니라, 세대를 잇는 정서의 언어이며, 삶을 함께 돌보는 '밥상 위의 심리학'입니다.

이 땅의 수많은 할머니들에게, 자녀를 손주를 품에 안고 사랑을 표현하고 싶은 모든 분들에게 이 책이 따스한 위로와 사랑의 치유 도구로 자리잡게 되기를 바랍니다.

강민주박사와 오랜 시간 함께 푸드표현예술치료 연구를 하며 건강하고 아름다운 세상을 만들어 가는데 도움이 되고 싶은 우리의 마음은 자연스럽게 모아졌지요. 선한 영향력을 나누고자 하는 모임인 푸놀치 아카데미 안에서 최고지도자 교수로 활동해 주시는 보라 강민주님께 감사하고 또 감사합니다. 한결같이 좋은 만남을 이어온 강민주박사와의 귀한 만남이 감성 힐링에세이 〈할머니 집엔 마음이 익어가요〉로 탄생한 듯해 감개무량하고 기쁜 마음 그득합니다. 이 책은 심리치료 전문가로 우뚝 선 강민주박사의 현장

감수성이 그 순간순간 푸놀치 마음여행, 일품화(一品畵)로 깊게 녹아 든 책이라 더 감동하고 감탄하는 의미있는 만남이라 더 소중하게 다가옵니다.

이 책이 세대 간의 마음을 사랑으로 잇는 소통의 통로가 되기를 소망합니다. 더불어, 우리 모두의 일상 속에 밥상을 마주하며 만나는 창의적 표현의 즐거움이 온기를 더하며 지구촌 가족 모두의 인생을 더 풍요롭게 해주기를 희망합니다.

예쁘고 건강하게 성장하고 있는 푸놀치 감수성리더인 채채를 축복하며, 감성치유에세이 〈할머니 집엔 마음이 익어가요〉 책 출간을 진심으로 축하합니다.

2026년을 시작하며

푸놀치 개발자 치유산타 **김지유**드림

축하의 글 : '푸놀치 감성표현 놀이 책'의 탄생을 축하하며

심리상담사, 엄마, 그리고 할머니로서
내가 다시 배우는 마음의 언어

1. 다시 마음을 배우는 일

상담실 문을 열고 들어오는 어머니들의 눈가에는 종종 눈물이 맺혀 있었다.

"아이의 마음을 잘 모르겠어요."

그 한마디 속에는 지치고 아린 시간들, 그리고 여전히 포기하지 못한 사랑이 고스란히 담겨 있었다. 오랫동안 심리상담사로 일하며 수많은 아이와 부모를 만나왔지만, 결론은 늘 비슷했다. 겉으로 보이는 문제는 아이에게 있는 듯 보이지만, 그 이면에는 감정을 조절하지 못한 어른의 마음이 자리하고 있었다.

사실, 나 역시 그랬다.

세 아이를 키우며 생계를 이어가던 시절, 하루하루를 버텨내는

마음의 이야기가 시작되는 자리

데에 모든 에너지를 쏟아야 했다.

"오늘도 무사히 지나갔다"라는 안도 속에서, 정작 아이의 눈빛과 마음의 미세한 떨림을 살펴 볼 마음의 여유는 없었다.

아이가 울면

"왜 또 울어?" 하고 다그쳤고,

속상해하면 "그 정도 일로 왜 그래?"라고 말하곤 했다.

감정은 받아주는 것이 아니라, 잠시 덮어두는 것이라고 믿었다.

그때는 알지 몰했다.

감정을 공감해 주는 일이 아이 마음을 키우는 첫 번째 교육이라는 것을. 아이들은 늘 신호를 보내고 있었지만, 나는 바쁘다는 핑계 하에 현실의 소음속에 마음을 묻고, 그 신호를 제대로 듣지 못했다. 그리고 이제 손녀 채채를 통해 그때의 나를 떠올린다. 그 얼굴 앞에서 마음속으로 다짐해 본다.

"이제는 조금 천천히, 마음부터 들어주자."

그 다짐이 바로 이 책의 출발점이 되었다.

2. 감정의 세대, 마음의 세대

나는 상담사이기 이전에, 감정보다 생존이 우선이었던 시대를 살아온 여성이다.

"울면 약하다."

"화를 내면 버릇없다."

그 말들 속에서 감정은 표현하는 것이 아니라 참고 견뎌야 하는 것이었고, 기쁨과 슬픔은 사치처럼 여겨졌다. 살아내는 일이 우선이었던 시간 속에서, 마음은 늘 뒤편으로 밀려나 있었다.

하지만 세상은 달라졌다. 지식보다 감정의 문해력이 중요해졌고, 성취보다 공감이 더 큰 힘이 되는 시대가 되었다. 그럼에도 여전히 많은 어른들이 감정 앞에서 서툰 이유는 냉정해서가 아니다.

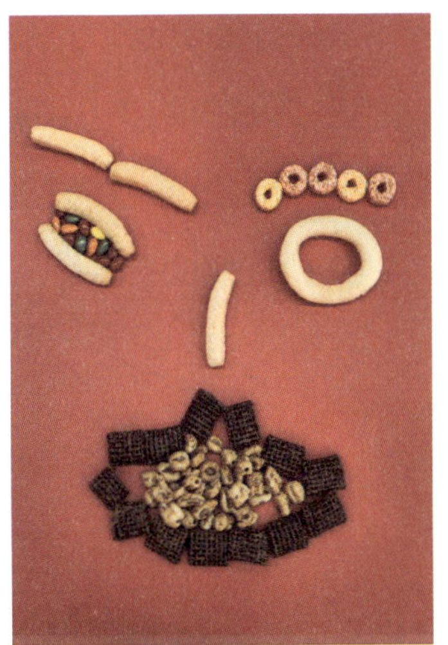 

초등학생들의 다양한 감정을 표현한 작품들

"하하호호~" 아이들의 다양한 마음이 창의적 푸드표현으로 살아나 문제해결력을 키워줘요.

책을 시작하기 전에 : 심리상담사, 엄마, 그리고 할머니로서 내가 다시 배우는 마음의 언어

그래서 이 책에서 말하고 싶었다.

"감정은 가르치는 것이 아니라, 함께 배우는 것이다."

그리고 그 배움은 세대를 건너 다시 시작될 수 있다. 엄마가 배우지 못한 감정을, 할머니가 손녀와 함께 다시 배워가는 것처럼. 삶의 어느 시점에서든, 감정을 배우는 일은 늦지 않다.

3. 손녀 채채와 열 가지 감정을 만나다

손녀 채채와 함께 보내는 시간은 매일 새로운 감정을 발견하는 시간이기도 하다. 기쁨, 슬픔, 화남, 두려움, 놀람, 사랑, 부끄러움, 자부심, 감사, 그리고 호기심. 이 열 가지 감정은 단순한 이름이 아니라, 아이 한 사람이 세상을 배워가는 열 가지 마음의 창문이다.

에크만(Ekman)은 인간의 감정을 여섯 가지 기본감정, 즉 기쁨·슬픔·분노·두려움·놀람·혐오로 제시했다. 그러나 상담 현장에서, 그리고 채채와 함께한 일상 속에서 나는 그 여섯 가지로는 모두 담아내기 어려운, 훨씬 더 섬세하고 관계적인 감정의 결들을 마주하게 되었다.

그래서 에크만의 기본감정을 토대로, 에릭슨의 정서 발달 관점과 루이스의 자기의식 감정, 피아제의 탐색과 경험 중심 발달 개념

을 더해 아이 마음의 지도를 열 가지 감정으로 확장하게 되었다.

이 감정들은 다음과 같이 나뉜다.

생존의 감정 - 기쁨, 슬픔, 화남, 두려움, 놀람

자기 인식의 감정 - 부끄러움, 자부심, 호기심

관계의 감정 - 사랑, 감사

책을 시작하기 전에 : 심리상담사, 엄마, 그리고 할머니로서 내가 다시 배우는 마음의 언어이 열 가지 감정은 아이가 '나'를 이해하고 '세상'과 관계를 맺으며 마음을 키워가는 데 꼭 필요한 정서들이다. 감정은 흩어진 반응이 아니라, 아이가 삶을 배우는 순서이자 방향이다.

4. 감정은 가르치는 것이 아니라 함께 경험하는 것이다

부모들은 종종 상담실에서 이렇게 말한다.

"감정을 표현하는 법을 가르쳐 주고 싶어요."

하지만 감정은 설명한다고 배워지지 않는다. 감정은 함께 경험하며 익혀가는 마음의 언어이다. 아이가 울 때 곁에 있어 주는 일, 화가 날 때 "화가 났구나" 하고 비춰주는 일, 기쁠 때 함께 크게 웃어주는 일. 바로 이런 순간들이 감정 교육의 핵심이다.

채채는 아직 세밀한 언어로 감정을 표현하지는 못한다. 대신 포도를 반으로 자르며 기분 좋은 자신의 세상을 만나고, 바나나 껍질 속에서 '살짝 숨김'을 경험한다. 상추 위에 방울토마토를 싸며 '부끄러움'을 익히고, 블루베리를 마주하며 '놀람'을 만난다.

그 과정을 지켜보며 나는 깨닫는다. 감정은 단어로 주입되는 것이 아니라, 눈빛과 손끝, 그리고 함께 보내는 시간 속에서 자라난다는 것을.

할머니 집엔 마음이 익어가요

고등학교 2학년 학생이 자신의 다양한 감정을 표현한 작품

5. 푸드표현예술치료, 손끝에서 마음을 만나다

나는 이 자연스러운 감정의 표현을 푸드표현예술치료(Food Expressive Arts Therapy ; FEAT)라 부른다. 푸드표현예술치료를 처음 시작한 치유산타 김지유는, 우리가 일상에서 늘 만나는 음식 재료를 활용해 먹고, 만들고, 표현하는 활동이 오감을 자극하고

15

뇌의 가속화 학습을 돕는 동시에 뇌신경가소성을 발달시키는 창
의융합적인 치유 방법이라고 설명한다. 그녀는 이 방법을 "건강하
고 맛있는 치료"라고 명명했다.(2019. 창지사).

　매일 하루에 하나 이상의 표현을 하며 나와 만나는 '푸드'는 더
이상 단순한 먹거리가 아니었다. 그것은 감정이 오감을 따라 흘러
나오는 매개체이자, 말보다 먼저 마음을 움직이는 감각을 깨우는
감정의 언어였다.

할머니 집엔 마음이 익어가요

달콤함 속에서 기쁨을 만나고,

부드러움 속에서 안정감을 느끼며,

탐색하는 손끝에서 호기심이 자연스럽게 깨어났다.

부서지는 재료 속에서는 분노가 드러나고,

새콤한 맛 속에서는 놀람과 반짝임이 피어났다.

푸놀치는 감정을 외워야 하는 교재가 아니다. 감정을 몸으로 경험하고, 손끝으로 이해하게 만드는 체험의 세계다.

6. 감정은 세대를 잇는 다리이다

아이를 키울 때는 미처 보지 못했던 것들을, 이제 손녀를 바라보며 다시 배우고 있다. 감정은 세대를 넘어 흐른다. 엄마의 감정은 아이의 교과서가 되고, 할머니의 시선은 손녀 마음을 비추는 거울이 된다.

손녀가 부끄러워 내 뒤에 숨을 때면 어린 시절의 내가 떠오른다. 사람들 앞에서 한마디도 꺼내지 못하던 나. 이제는 그때의 나에게, 그리고 손녀에게 이렇게 말해 줄 수 있다.

"괜찮아, 부끄러워도 돼. 그건 네 마음이 자라고 있다는 신호야."

17

그 말을 건네는 순간, 나의 과거와 현재, 그리고 손녀의 미래가
하나로 이어지는 듯하다. 감정은 세대를 잇는 다리다. 그 다리 위
에서 우리는 서로의 마음을 다시 배우고, 다시 이해하게 된다.

**채채는 이렇게
성장하고 있다**

아이를 키울 때는
미처 보지 못했던
것들을, 이제
손녀를 바라보며
다시 배우고 있다.

할머니 집엔 마음이 익어가요

"감정은 가르치는 것이 아니라,
함께 배우는 것이다."

그리고 그 배움은 세대를 건너 다시 시작될 수 있다.
엄마가 배우지 못한 감정을,
할머니가 손녀와 함께 다시 배워가는 것처럼.

열 가지 감정의
마음 정원으로 초대하며

이 책은 단순한 감정놀이의 기록이 아니다. 심리상담사로서의 이론적 통찰과, 엄마이자 할머니로 살아온 일상의 경험이 만난 감정 성장의 에세이이자 실천 기록이다.

채채와 함께 만난 열 가지 감정은, 모두 일상에서 친숙한 음식 재료를 사용해 오감을 자극하며 두뇌를 깨웠다. 먹고, 만지고, 함께하며 나누는 경험 속에서 아이의 마음은 자라고, 감정은 마음의 언어로 익어갔다.

나는 믿는다. 감정은 아이의 마음을 단단하게 만드는 따뜻한 근육이며, 그 근육은 사랑과 관계 속에서 함께 자란다는 것을.

이 책이 부모와 교사, 상담자, 그리고 모든 어른들에게 감정을 '가르치는 일'보다

함께 경험하고,

함께 웃고,

함께 기다려 주며

삶 속에서 감정 근육을 다시 어루만져주는 행복한 체험의 장이 되기를 바란다.

오늘도 나는 채채와 함께 감정을 돌본다. 포도를 반으로 자르고, 바나나 껍질을 벗기고, 상추 위에 방울토마토를 올리며 마음을 펼친다. 감정은 배우는 것이 아니라, 함께 살아내는 시간 속에서 자라는 것이기 때문이다.

이 책이 당신의 마음 정원에도 감정의 씨앗을 심어주기를 바란다. 그 씨앗이 자라 꽃이 되고, 다시 세대와 세대를, 마음과 마음을 잇는 다리가 되기를 바란다.

**마음의 이야기가
시작되는 자리**

당신의 마음 정원에도
감정의 씨앗을
심어주기를 바란다.

프롤로그 : 열 가지 감정의 마음 정원으로 초대하며

제1부
마음의 문을 여는 기본감정 _ 30

01장 햇살을 먹는 아이 – 기쁨 _ 35

제2부
나를 인식하는 감정 _ 124

06장 나는 아직 조금 부끄러워요 _ 128

제3부

관계를 따뜻하게 잇는 감정 _ 184

제1부

마음의 문을 여는 기본감정

마음의 문을 여는 기본감정

**생존과 적응,
그리고 마음의 안전을 지탱하는 본능적 감정들**

(Ekman의 기본감정 + 아동 발달 초기 정서 중심)

아이가 세상을 처음 만날 때 가장 먼저 배우는 것은 '언어'가 아니라 '감정'이다. 배고프면 울고, 기쁘면 웃고, 낯선 얼굴을 보면 움찔하는 것. 이러한 단순한 정서 반응은 인간이 생존하기 위해 타고난 마음의 첫 언어다.

심리학자 폴 에크만(Paul Ekman)은 전 세계인의 얼굴 표정을 관찰해 인류가 공통으로 지닌 여섯 가지 기본감정 즉, 기쁨·슬픔·분노·두려움·놀람·혐오를 밝혀냈다. 이 가운데 기쁨·슬픔·분노·두려움·놀람은 아이가 태어나면서 가장 먼저 경험하고 표현하는 감정으로, 정서 발달의 기초를 이룬다.

이 감정들은 단순한 '기분'이 아니다. 아이가 세상과 관계를 맺고, 자신을 보호하며 살아가기 위해 필요한 마음의 근육이자 생존의 언어다.

예를 들어,

- **두려움**은 위험을 감지해 자신을 지키게 하고,

- **화남**(분노)은 부당함에 맞서 자기 존재를 드러내게 하며,

- **슬픔**은 상실 속에서 회복을 배우게 한다.

- **기쁨**은 관계의 문을 열고,

- **놀람**은 세상을 향한 호기심과 학습의 창을 연다.

아동발달 연구에 따르면, 생후 1년 이내의 아기에게서도 이러한 기본감정의 표정 반응이 뚜렷하게 나타난다. 이는 감정이 단순한 학습의 결과가 아니라, 이미 뇌와 신경생리학적 체계 속에 자리 잡은 본능적 정서 시스템임을 보여준다. 즉, 감정은 후천적으로 만들어지는 것이 아니라, 삶이 우리 안에 처음부터 심어 둔 내면의 언어이다.

나는 이 다섯 가지 감정을 '마음의 문을 여는 감정'이라 말하고 싶다.

- **기쁨**은 세상과의 첫 연결을 열고,

● **슬픔**은 마음의 깊이를 키우며,

● **화남**은 나의 존재를 인식하게 하고,

● **두려움**은 생존의 지혜를 가르치며,

● **놀람**은 배움의 시작을 이끈다.

이 장에서는 아이가 경험하는 가장 본질적인 기본감정들을 통해 마음이 어떻게 자라고, 세상과 어떤 방식으로 연결되는지를 살펴보고자 한다. 더 나아가 이 감정들이 푸드표현예술치료 안에서 어떻게 오감을 통해 아이의 대뇌감각피질을 자극하며 뇌의 정서적, 인지적 기능을 활성화시키는지, 궁극적으로 심리적 치유를 돕는지 일상생활 속에서 손녀와 함께 한 이야기를 하려고 한다.

감정 구성

각 감정은 생존 본능과 정서 발달의 기초를 이루는 아이 마음의 언어이며, '세상'과 '자신'을 동시에 배워가는 출발점이다.

■ 기쁨 — 마음이 웃는 순간

: 긍정 정서의 출발점. 아이의 회복탄력성과 사회적 미소의 뿌리.

■ 슬픔 — 눈물 속에서 피는 힘

: 상실과 회복, 공감의 시작. 마음의 깊이를 배우는 시간.

■ 화남 — 마음에 불이 나는 날

할머니 집엔 마음이 익어가요

: 자기주장의 에너지. 감정의 불꽃을 다루는 법.

■ 두려움 — 괴물을 작게 만드는 아이

: 불안을 안전하게 다루는 용기의 감정. 자기보호의 첫걸음.

■ 놀람 — 마음이 깜짝 자라는 순간

: 예측하지 못한 변화 속에서 배우는 감정.

(시간이 흐르면 호기심으로 확장되어 탐색과 학습의 힘이 된다.)

감정이 전해주는 말

감정은 마음의 본능이며, 인간이 세상을 이해하고 자신을 지켜내기 위해 사용하는 첫 번째 언어다. 아이가 느끼고 표현하는 기쁨, 슬픔, 화남, 두려움, 놀람은 단순한 반응이 아니라 내면의 지혜가 담긴 신호다.

이 기본감정들이 건강하게 경험되고 안전하게 표현될 때, 아이는 내면의 안정감을 얻고, 타인과의 관계 속에서도 회복력 있는 마음으로 성장한다. 그리고 푸드표현예술치료는 이 감정들을 말이 아닌 감각으로, 설명이 아닌 경험으로 펼쳐낸다.

오감을 통해 뇌를 자극하며, 감정이 다시 숨 쉬고 확장될 수 있는 안전한 공간을 자연스럽게 열어준다.

기본감정은 단순한 시작이 아니다. 아이 마음이 세상을 향해 문을 여는, 가장 첫 발걸음이다.

마음도 놀아야 자란다

할머니 집엔 마음이 익어가요

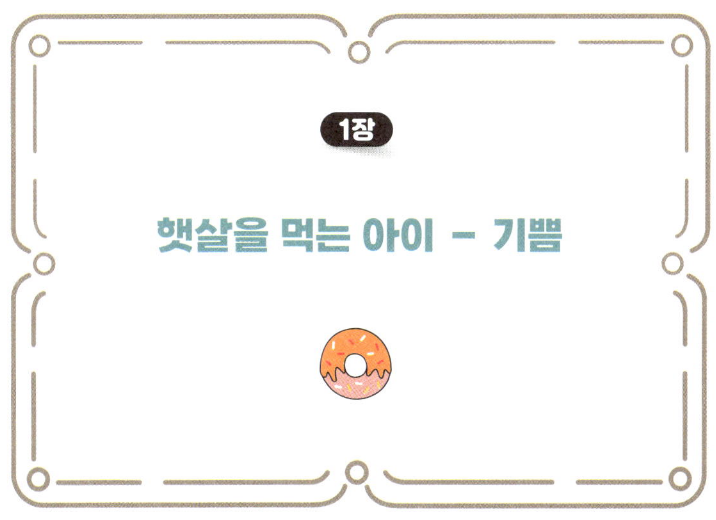

01 마음에 불이 켜지는 순간

기쁨은 마음이 환하게 밝아지고, 웃음이 저절로 터져 나오는 감정이다. 좋은 일을 만났을 때, 사랑하는 사람과 함께할 때, 새롭고 신기한 경험을 할 때 아이의 마음 안에서는 기쁨이 햇살처럼 번져간다.

심리학자 에크만은 인간의 기본감정을 기쁨·슬픔·분노·두려움·놀람·혐오 여섯 가지로 설명했다. 그중에서도 기쁨은 타인과 연결을 시작하게 하는 첫 사회적 감정이라고 보았다.

아침 햇살이 부드럽게 스며드는 놀이터에서, 아직 서툰 발걸음으로 그네에 오른 채채는 몸을 앞뒤로 흔들며 환하게 웃고 있었다. 나는 뒤에서 그네를 밀어주며, 그 웃음소리에 내 마음까지 덩 달아 따뜻해지는 것을 느꼈다.

"할머니, 더 세게 밀어주세요!"

"하늘까지 갈래요! 채채가 하늘에 닿겠어요!"

바람이 얼굴을 스치고 몸이 높이 오를 때, 아이의 웃음은 하늘 로 흩어지며 세상과 이어진다. 그 순간 기쁨은 단순한 감정이 아 니라, 삶을 밀어 올리는 에너지로 바뀐다. 나는 채채의 등을 밀며 속으로 생각한다.

'그래, 네가 하늘을 향해 나아가는 동안, 나는 네 마음을 바쳐 주 는 사람이 되어야겠다.'

**하늘에 닿고
싶은 채채**

바람이 얼굴을 스치고
몸이 높이 오를 때,
아이의 웃음은 하늘로
흩어지며 세상과
이어진다.

발달심리학자 에릭슨은 3~4세 시기를 '자율성 대 수치심' 단계로 보았다. 이 시기의 아이는 스스로 해보고 싶은 욕구가 강해지고, 자신이 선택한 행동에서 느끼는 즐거움을 통해 자율성의 토대를 쌓아간다.

"내가 할래요!"

이 말에는 단순한 고집이 아니라, 세상 앞에 나를 드러내고 싶은 힘이 담겨 있다.

그네 위에서 환하게 웃던 채채의 모습도 그 연장선 위에 있다. 그 웃음은 단순한 놀이의 즐거움이 아니라 "나는 할 수 있다"는 자기 확신이 반짝이는 순간이다. 아이는 몸을 밀어 올리며 자신의 중심을 느끼고, 세상을 향해 한 걸음 더 앞으로 나아간다.

에크만의 감정 이론에 따르면, 기쁨은 인간이 관계 속에서 가장 먼저 배우는 감정이다. 아이는 웃음을 통해 세상이 자신을 반겨준다는 사실을 배우고, 그 경험이 쌓일수록 타인에 대한 신뢰가 자라난다.

결국. 기쁨은 '나'를 긍정하고 '너'를 향해 마음을 여는, 첫 번째 정서적 다리다.

채채는 생일 선물로 받은 반짝이는 구두를 무척 소중히 여겼다. 상자를 열자 불빛이 켜졌고, 그 빛이 채채의 얼굴을 환하게 비췄다.

"예쁘지? 채채 구두예요!"

짧은 말속에도 자신감은 고스란히 담겨 있다. 한 걸음 내디딜 때마다 구두는 반짝였고, 그 반짝임과 함께 아이 마음속에서도 자존감의 불빛이 커지는 듯했다. 마치 "나는 특별해"라고 말하는 속삭임이 발걸음마다 몸에 스며드는 것 같았다.

놀이터로 향하던 길에서 나는 문득 깨달았다. 아이가 기뻐하는 모습을 바라보는 일은, 어른의 마음속에 오래 잠들 있던 기쁨까지 함께 깨우는 일이라는 것을.

채채의 걸음 속에서 자라나는 자신감을 바라보며 나는 다시 느낀다. 기쁨은 아이의 마음을 밝히는 데서 멈추지 않고, 부모와 양육자의 마음까지 환하게 비추는 감정이라는 사실을.

비눗방울을 불면 투명한 방울들이 햇살을 받아 천천히 떠올랐다. 채채는 두 팔을 활짝 벌리고 그 뒤를 신나게 쫓아갔다. 손끝에 닿자마자 '톡' 하고 터져버려도,

"또 해주세요!

하며 깔깔 웃음은 좀처럼 멈추지 않았다.

그 모습을 바라보며 나는 깨닫는다. 기쁨은 성공에서 생기는 감정보다, 다시 해보고 싶은 마음에서 피어난다는 것을.

비눗방울이 금세 터져도 아이는 좌절하지 않는다. 다시 달리고, 다시 손을 뻗고, 다시 시도한다. 기쁨은 이렇게 반복 속에서 단단해지고, 그 과정 속에서 아이의 마음은 조금 더 강해지고 유연해진다.

부모는 그저 옆에서 웃음과 도전을 지켜보고 기다려 주면 된다. 아이의 기쁨은 그렇게 관계 속에서 더 크게 자라난다.

비눗방울을 불면
투명한 방울들이
햇살을 받아
천천히 떠올랐다.

제1부 : 마음의 문을 여는 기본감정

요즘 채채는 그림 그리기에 푹 빠져있었다. 종이를 펼치기만 하면 사람 얼굴을 그리며 연신 질문을 던졌다.

"할머니, 눈은 감는 게 좋아요? 뜨는 게 좋아요?"

"이건 웃는 얼굴이에요!"

며칠 전에는 이모의 얼굴을 그려주었다. 둥근 얼굴 안에 커다란 눈, 길게 올라간 입꼬리, 그리고 밝은 파란색 눈동자까지.

"이건 이모 눈이에요. 채채가 좋아하는 색이에요."

아이는 자신이 좋아하는 색을 사랑하는 사람의 얼굴에 입히며 감정을 표현하고 있었다. 그것은 단순한 그림이 아니라, 관계를 느끼고 마음을 꺼내보며 자신을 발견해 가는 과정이었다.

아직 "내가 좋아해요" 대신 "채채가 좋아해요."라고 말하는 채채, 그 말투에는 자아가 막 싹트는 자연스러운 성장의 흔적이 담겨 있다.

그래서 채채의 그림은 낙서가 아니다. 세상을 배우고, 자신을 찾아가는 마음의 기록이다.

아이는 자신이
좋아하는 색을
사랑하는 사람의
얼굴에 입히며
감정을 표현하고
있었다.

"우리 푸놀치 놀이할까? 음식으로 얼굴을 만들어보자." 내가 말하자 채채가 고개를 갸웃했다.

"할머니, 어떻게 하는 거예요?"

나는 과자와 젤리를 꺼내 종이 위에 올려놓았다.

"눈은 양파링, 입은 새우깡, 머리카락은 콘칩으로 해볼까?"

그러자 채채의 눈이 환하게 반짝였다. 손끝이 분주히 움직이며 과자를 옮기고 젤리를 올리는 동안, 아이의 얼굴에도 기쁨이 서서히 번졌다.

"이건 아빠예요, 이건 엄마예요."

말이 끝나기도 전에 두 개의 얼굴이 귀엽게 모습을 드러냈다.

"엄마 눈은 파란색이에요. 채채가 파란색 좋아해요."

그 말을 듣는 순간, 나는 미소 지으며 마음속 깊은 곳에서 따뜻함이 번지는 것을 느꼈다. 자신이 좋아하는 색으로 엄마를 표현한다는 것은 사랑을 드러내는 방식이자 동일시가 시작되는 순간이기 때문이다.

푸놀치의 핵심은 바로 여기에 있다. 감정이 손끝에서 모양을 얻고, 관계가 색과 맛으로 살아나는 순간, 아이는 자신이 사랑받고 있음을 온몸으로 느낀다. 기쁨은 그렇게 놀이 속에서 자연스럽게 자라난다.

**집중하며
표현하는 채채**

손끝이 분주히
움직이며 과자를
옮기고 젤리를
올리는 동안,
아이의 얼굴에도
기쁨이 번졌다.

**엄마를
표현하는 채채**

자신이 좋아하는
색으로 엄마를
표현한다는 것은
사랑을 드러내는
방식이다.

나는 20년 가까이 상담사로 일하며 많은 아이와 부모의 마음을 어루만져 왔다. 그러나 손녀와 함께하는 시간만큼 나를 더 깊게 사색하게 하고, 다시 배우게 만든 경험은 흔치 않았다. 그 시간들은 내게 참으로 소중하고 귀했다.

상담실에서 나는 '공감'을 하나의 기술로 배웠다. 그러나 아이와 함께하는 일상 속에서 그 공감은 기술을 넘어 삶의 숨결이 되었다. 말보다 눈빛으로 반응하고, 울음을 멈추게 하려 하기보다 감정을 함께 견디며 곁에 머무는 일. 그것이 내가 다시 배우게 된, 양육자의 진정한 공감은 아닐까 싶다.

나는 이제서야 분명히 안다. 아이의 감정은 '지도' 해야 할 대상이 아니라, 함께 걸어가야 할 길이라는 것을. 그 길 위에서 아이는 감정을 배우고, 어른은 사랑을 다시 배운다. 나는 그 믿음을 품고 오늘도 아이의 곁을 함께 걷는다.

아이와 함께하는
일상 속에서
그 공감은
기술을 넘어 삶의
숨결이 되었다.

제1부 : 마음의 문을 여는 기본감정

푸드표현예술치료(푸놀치)는 '음식'이라는 친숙한 매개를 통해 아이가 감정을 오감으로 탐색하고 표현하도록 돕는 활동이다. 주로 음식(FooD)과 관련된 다양한 표현 매체를 사용하며, 몇 해 전부터 치유산타는 대중과의 소통을 위해 푸드표현예술치료를 '푸놀치'라는 이름으로 부르고 있다.

푸놀치는 "푸드표현하고 놀면 치유의 기적이 일어나고, 푸드표현하고 놀면 행복(기쁨, 즐거움, 자신감 등)이 치솟는다"는 의미를 담아 만든 신조어다.

아이와 유아에게 감정은 아직 '언어'가 아니다. 촉감, 냄새, 맛, 색깔처럼 몸으로 먼저 느끼는 감각의 세계에 가깝다. 요거트의 부드러움, 젤리의 말랑함, 과자가 부서질 때 나는 경쾌한 소리들. 이러한 감각의 조각들은 아이에게 감정을 표현하고 회복을 돕는 하나의 언어가 된다.

푸놀치는 이러한 특성을 바탕으로 뇌과학적 접근을 활용한다. 아이의 마음속에서 일어나는 감정을 맛과 촉감, 색과 형태로 바꾸는 과정, 바로 그 지점이 심리적 표현의 시작이다. 채채가 과자를 붙이고, 젤리를 고르고, 좋아하는 색을 얼굴 위에 올리는 모든 순간은 자신의 감정을 세상에 건네는 하나의 표현 행위이다.

손끝의 움직임 하나하나가 감정을 다독이고, 마음을 회복시키는 치유의 시간이 된다. 푸놀치는 말보다 먼저 손과 감각이 마음을 만나게 하는, 자연스럽고 안전한 감정표현의 길이다.

감정을 맛으로 배우는 아이

할머니가 하는 푸놀치에 관심을 두기 시작한 때는 27~29개월 무렵이었던 것 같다. 좋아하는 것을 먹고 만지며, 그 시간을 놀이처럼 받아들였다.

제1부 : 마음의 문을 여는 기본감정

기쁨은 가르칠 수 있는 감정이 아니다. 아이와 함께 느끼고, 함께 호흡하며 자라나는 마음이다. 아이가 함박 웃을 때, 그 웃음은 굳어 있던 어른의 마음을 무장해제 시킨다. 그 모습을 바라보며 우리는 오랫동안 잊고 지냈던 '순수한 행복의 감각'을 다시 떠올린다. 그래서 아이의 웃음을 멈추게 하기보다, 그 웃음이 어디에서 자라나는지 함께 바라보는 일이 중요하다.

기쁨은 혼자서도 피어날 수 있지만, 관계의 온기 속에서 더 깊어지고 넓어진다. 함께 느끼고 나누는 순간, 기쁨은 잠깐 스쳐 가는 감정이 아니라 마음에 오래 머무는 힘이 된다.

푸놀치는 바로 그 관계의 길을 열어주는 예술이다. 놀이 속에서 감정이 깨어나고, 표현 속에서 기쁨이 단단해지며, 함께하는 순간 속에서 마음은 자라난다.

나는 오늘도 채채의 웃음 뒤에서 그네를 밀어주며 생각한다.

"기쁨은 멀리 있는 게 아니야. 햇살처럼, 매일 우리 곁에 머물러 있어."

**채채와 함께
시작하는 마음을
표현해 보았다**

아이가 함박 웃을때,
그 웃음은 굳어 있던
어른의 마음을
무장해제 시킨다.

51

2장

빗방울이 마음에
떨어질 때 – 슬픔

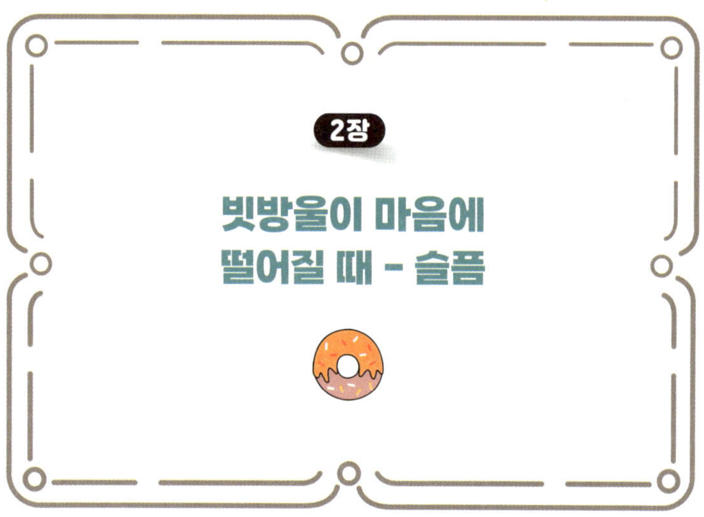

01 마음에 젖어드는 감정

슬픔은 마음에 서서히 번져오는 감정이다. 마음이 아파지고, 눈물이 고이며, 가슴이 잠시 가라앉는 순간에 우리를 찾아온다. 사랑하는 사람을 잃었을 때, 기대가 무너졌을 때, 혹은 서운함과 외로움이 마음을 잠시 적실 때 슬픔은 문을 두드린다. 그러나 슬픔은 밀어내야 할 감정이 아니다. 에크만(Ekman)은 슬픔을 "상실에 대한 본능적 반응이자, 관계를 회복하려는 감정적 신호"라고 설명한다. 슬픔은 마음이 무너지는 순간이 아니라, 다시 일어서기 위해 스스로를 돌보려는 내면의 움직임이다.

아이에게 슬픔은 아직 낯설고 버거운 감정이다. 하지만 그 감정을 억누르지 않고 자연스럽게 표현할 수 있을 때, 아이의 마음은 오히려 단단해진다. 슬픔을 느낀다는 것은 약함의 증거가 아니라, 자신을 지켜내려는 용기다.

슬픔은 때때로 아이의 마음에 그늘을 드리운다. 그러나 그 그늘 아래에서 아이는 자신의 감정을 바라보는 법을 배우고, 천천히 다시 빛을 향해 고개를 든다. 바로 그 과정이 성장이다.

우리도 공주

퍼레이드를 좋아해
TV를 보며 자신들이
공주가 되어
함께 행진하는 모습

사이좋은 자매

자매가 싸우지 않고
서로 하나씩 보고 싶은
프로그램을 보는
평화로운 아침

제1부 : 마음의 문을 여는 기본감정

어느 날 아침, 채채가 반짝이는 눈빛으로 말했다.

"아기상어 틀어주세요."

그런데 옆에 있던 동생이 재빠르게 외쳤다.

"베베핀!"

두 아이의 욕구가 정면으로 충돌하는 순간, 나는 잠시 숨을 고르고 말했다.

"그럼 베베핀 한 편 보고, 그다음엔 아기상어 보자."

겉으로 보면 간단한 타협처럼 보였지만, 화면에 베베핀이 나오자 채채의 표정은 금세 굳어졌다. 이내 삐죽 내민 입술 사이로 또렷한 말이 흘러나왔다.

"그렇게 하면 내가 불편하잖아."

나는 그 말 앞에서 잠시 멈췄다. 세 살을 갓 지난 아이의 입에서 이렇게 정확한 감정의 이름이 나올 거라고는 예상하지 못했다. 울거나 떼를 쓰는 대신, '불편하다'고 표현했다는 사실이 마음의 성장으로 다가왔다. 나는 채채의 눈높이로 맞춰 말했다.

"채채가 불편했구나. 아기상어를 보고 싶었는데, 동생이 다른 걸 보자고 해서 속상했지?"

채채는 고개를 끄덕였다. 여전히 실망은 남아 있었지만, 자신의 마음이 이해받고 있다는 안도감이 얼굴에 스쳤다, 잠시 후, 나는 다시 물었다.

"그런데 채채야, 동생도 아기상어를 볼 때 조금 불편했을까?"

채채는 한참을 생각하더니 대답했다.

"응."

그 한마디는 짧았지만 깊었다. 자신의 감정에 머물러 있던 자리에서 한 걸음 물러나, 다른 사람의 마음을 상상해 본 순간이었기 때문이다. 그 대답은 단순한 동의가 아니라, 채채의 마음 안에서 공감이 시작되었음을 알리는 신호였다.

자신의 감정을 조절하는 모습

여전히 실망은 남아 있었지만, 자신의 마음이 이해받고 있다는 안도감이 얼굴에 스쳤다,

제1부 : 마음의 문을 여는 기본감정

발달심리학자 에릭슨은 3~4세 시기를 '자율성 대 수치심(Autonomy vs. Shame)'의 단계로 설명했다. 이 시기의 아이는 "내가 할래!"라는 말속에서 자기 선택을 확인하고, 스스로 해보고 싶은 욕구를 키워간다. 이 욕구가 반복적으로 무시되거나 억제될 경우, 아이는 자신의 감정을 부끄러워하거나 표현을 주저하게 될 수 있다.

그런 점에서 채채가 말한 "그렇게 하면 내가 불편하잖아."라는 표현은 매우 건강한 신호다. 자신의 감정을 알아차리고, 그 감정에 정확한 이름을 붙여 타인에게 전달한 순간, 아이의 마음은 한 단계 확장된다. 이는 고집이 아니라 자율성의 표현이며, 감정을 언어로 조율하기 시작했다는 분명한 증거다.

에크만은 슬픔을 '관계적 감정(relational emotion)'으로 보았다. 슬픔은 혼자 견디는 감정이 아니라, 타인의 반응과 공감 속에서 비로소 흐름을 찾는 감정이라는 의미다. 누군가 자신의 마음을 알아차려 주고 반응해 줄 때, 슬픔은 고립이 아닌 연결로 전환된다.

채채가 한참 생각한 뒤 "응."이라고 대답했던 그 순간, 나는 분명히 느꼈다. 그 말은 단순한 동의가 아니라, 자신의 감정에 머물러 있던 자리에서 한 발짝 물러나 타인의 마음을 상상해 본 첫 경험이었다. 감정의 중심이 '나'에서 '우리'로 이동한 순간이자, 공

감 능력이 실제 상황 속에서 작동하기 시작했음을 보여주는 장면
이었다.

아이의 마음은 이렇게 자란다. 설명을 통해서가 아니라, 관계
속에서 감정을 주고받는 경험을 통해서.

돌 무렵
자기 뜻대로
안 되는 것을 알고,
울고 있는 채채

눈사람을
만들며
만족감과 기쁨의
감정을 조금씩
배워가는 채채

제1부 : 마음의 문을 여는 기본감정

오랫동안 상담 현장에서 많은 부모와 아이를 만나왔다. 그 과정에서 반복처럼 들려오던 말이 있다.

"그건 슬플 일이 아니야."

"울면 안 되지."

하지만 감정은 고쳐야 할 문제가 아니다. 먼저 '겪어야 할 경험'이다. 아이가 슬픔을 느낄 때 필요한 것은 훈계나 설명이 아니라, 그 감정을 혼자 감당하지 않도록 곁에 있어 주는 시간이다.

채채가 속상함을 표현했을 때, 내가 해야 할 일은 해결책을 제시하거나 감정을 바로잡는 것이 아니었다. 그 감정과 잠시 머물러 주는 일, 아이의 마음이 스스로 가라앉을 때까지 서두르지 않고 기다려 주는 일이었다.

감정은 그렇게 누군가의 존재 속에서 흐름을 되찾는다. 울음 뒤에 찾아오는 숨 고르기처럼, 이해받은 감정은 억지로 밀어내지 않아도 제자리를 찾아간다. 아이의 마음은 말이 아니라, 함께 머물러 준 시간 속에서 회복된다.

병원에서

감기에 걸려
힘들어하는 채채와
아픔도 잊고
활짝 웃는다.

채채의 속상함

팬더도 가방도
모두 가져가고
싶은 아침.
하나만 선택해야
하는 순간,
채채의 마음은
잠시 멈춰 선다.

제1부 : 마음의 문을 여는 기본감정

채채와 푸놀치 활동을 위해 하얀 요거트와 딸기잼, 블루베리잼, 사과잼을 준비해 두고 말했다.

"오늘은 슬픈 얼굴을 만들어볼까?"

나는 요거트 위에 눈썹을 살짝 내려 그리고, 입꼬리는 아래로 굽힌 얼굴을 먼저 보여주었다.

"이건 슬픈 얼굴이야."

채채는 그 얼굴을 한참 바라보다가 말했다.

"할머니, 채채도 해볼래요. 이렇게 하는 거예요?"

그리고는 빨간 딸기잼을 골라 요거트 위에 꾹꾹 누르며 섞기 시작했다.

"이렇게요? 맞아요?"

나는 말 대신 고개를 끄덕였다.

"응, 그렇게 표현하면 돼."

붉은 잼이 하얀 요거트 속으로 퍼질수록, 감정도 색을 얻어 넓어지는 듯했다. 채채는 잼을 더 섞다가 다시 물었다.

"이건 슬픈 거예요? 화난 거예요?"

나는 설명하지 않고 되물었다.

"채채는 어떤 느낌이 들어?"

그 질문 앞에서 채채의 표정이 멈췄다가 달라졌다. 감정이 말에서 손끝으로, 손끝에서 다시 마음으로 옮겨 가는 순간이었다. 슬픔과 화남은 경계 없이 섞이고, 아이는 그 안에서 자신의 느낌을 천천히 알아가고 있었다.

조심스러운
채채

감정이 말에서
손끝으로, 손끝에서
다시 마음으로
옮겨 가는
순간이었다.

잼과 요거트의
어우러짐

제1부 : 마음의 문을 여는 기본감정

나는 요거트를 떠서 눈물처럼 보이도록 그려 보였다.

"이건 눈물이야."

채채는 내 손짓과 표정을 유심히 따라 보더니, 이내 또 하나의 얼굴을 완성했다. 모양은 조금 서툴렀지만, 그 안에는 분명히 채채만의 느낌이 담겨 있었다.

"이 얼굴은 어떤 기분이에요?"

내가 묻자 채채는 잠시 바라보다가 말했다.

"기분이 좋아요. 채채가 만들었으니까요."

그 말에 나도 모르게 미소가 번졌다.

슬픔은 이렇게 표현하는 순간, 다른 흐름을 만나기 시작한다. 사라지는 것이 아니라, 형태를 바꾸어 움직인다. 아이는 손끝으로 감정을 만들고, 그 과정 안에서 마음을 다시 정돈해 간다.

푸놀치는 감정을 없애는 놀이가 아니다. 감정이 머무를 수 있고, 흘러갈 수 있도록 길을 내어주는 경험이다. 그 통로를 지나며 아이의 마음은 자연스럽게 회복을 향해 나아간다.

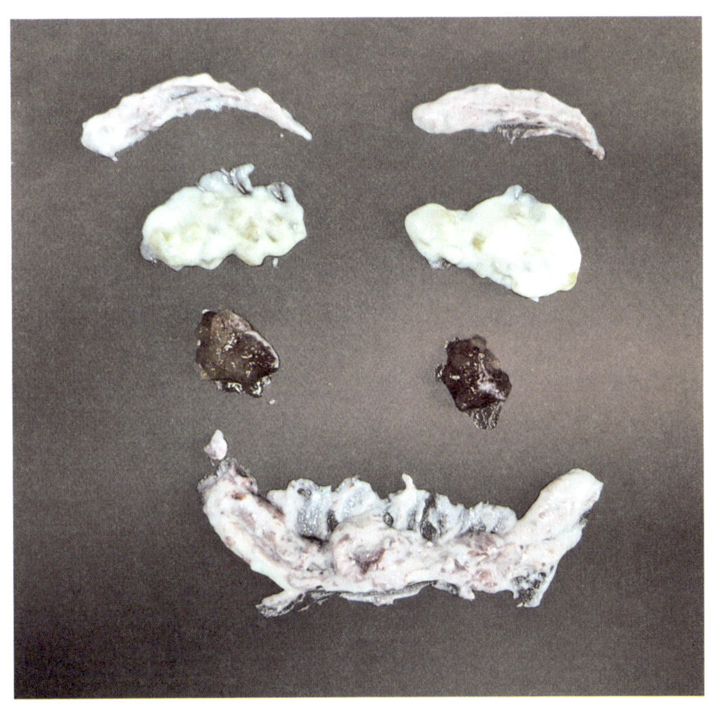

내가 표현한 눈물을 흘리는 슬픈 표정

슬픔은 이렇게 표현하는 순간, 다른 흐름을 만나기 시작한다.
사라지는 것이 아니라, 형태를 바꾸어 움직인다. 아이는 손끝으로 감정을 만들고,
그 과정 안에서 마음을 다시 정돈해 간다.

푸놀치는 단순한 음식 놀이나 조작 활동이 아니다. 아이의 감정이 손끝에서 모양을 얻고, 색과 맛을 통해 다시 살아나는 예술적 경험이다. 푸드표현예술치료는 음식이라는 감각적 매개를 통해 아이가 자신의 감정을 안전하게 드러내도록 돕고, 마음 깊은 곳의 머물던 무게가 서서히 흘러가도록 안내한다.

채채가 선택한 빨간 딸기잼은 생동감과 에너지를 품은 색이다. 그 붉은 잼이 하얀 요거트 위에서 천천히 번져가는 모습은 감정이 풀리고 통합되는 과정을 닮아있다. 감정이 촉감과 색, 움직임이라는 감각적 경험으로 전환되는 순간, 마음의 무게는 자연스럽게 가벼워진다.

이 시간은 "얼른 괜찮아져야 해"라고 재촉하는 순간이 아니다. 오히려 "지금 이대로 느껴도 괜찮아"라는 메시지가 말없이 전해지는 회복의 시간이다.

아이의 감정이
손끝에서 모양을 얻고,
색과 맛을 통해
다시 살아나는
예술적 경험이다.

움직임이라는
감각적 경험으로
전환되는 순간,
마음의 무게는
자연스럽게
가벼워진다.

채채는 아직 혼자서는 감정을 말이나 행동으로 표현하기 어렵다.

"이렇게 하는 거예요?"

"할머니처럼요?"

그렇게 묻는 순간, 나는 상담사이기 이전에 할머니로서 마음이 먼저 반응한다. 아이는 감정을 표현하는 법을 배워가고, 나는 그 옆에서 기다리는 법을 배우는 중이다.

나는 정답을 알려주지 않는다.

"할머니 마음은 지금 이렇게 흘러가고 있네."

그러면 채채는 내 손의 움직임을 바라보다가 자연스럽게 따라 한다. 그 따라함 속에서 아이는 조금씩 자기만의 감정을 발견해 간다. 감정은 지시나 기술로 익히는 것이 아니다. 함께 머물러 주는 관계 안에서 서서히 드러나고, 움직이고, 자리를 찾아가는 마음의 과정이다.

푸놀치는 그 과정을 눈으로 보고 손끝으로 느끼게 하며, 감정이 안전하게 흐를 수 있도록 돕는 밥상 위의 심리학이다.

치유는 이렇게 일상 속에서, 특별하지 않은 순간들 사이에서 자연스럽게 펼쳐진다.

채채는
내 손의 움직임을
바라보다가
자연스럽게
따라 한다.

제1부 : 마음의 문을 여는 기본감정

슬픔을 그릴 수 있다는 것은 감정을 억누르지 않고 받아들일 수 있다는 뜻이다. 울음은 약함이 아니라, 마음이 다시 숨을 고르기 시작했다는 변화의 신호다. 아이가 눈물을 흘릴 때, 그 곁에 선 어른의 표정은 하나의 거울이 된다. 그 거울이 따뜻할수록 아이는 자신의 감정을 더 편안하게 받아들인다.

푸놀치는 그 감정을 만지고, 보고, 맛보며 흘려보내는 예술적 경험이다. 아이에게 감정은 아직 익숙한 언어가 아니지만, 요거트의 부드러움과 잼의 달콤함 속에서 그 언어를 몸으로 배워간다. 그렇게 경험된 슬픔은 더 이상 두려운 감정이 아니다. 오히려 마음을 지탱하는 힘으로, 하나의 심리적 자원으로 자리 잡아간다.

오늘도 채채는 내 옆에서 묻는다.

"이렇게 하는 거예요?"

나는 웃으며 대답한다.

"응, 그렇게 하면 돼. 우리 마음도 그렇게 그리면 돼."

아이들의 마음은
이렇게 자란다.
설명을 통해서가
아니라,
관계 속에서
감정을 주고받는
경험을 통해서

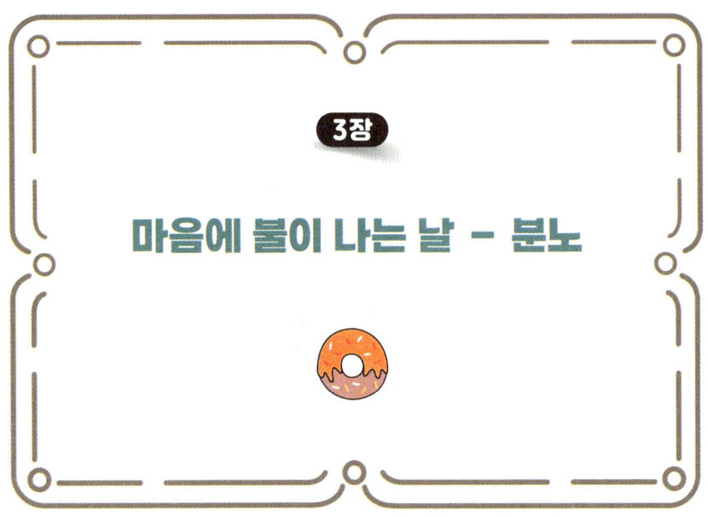

01　마음에 타오르는 열기

　화는 누구에게나 찾아오는 자연스러운 감정이다. 원하는 일이 막히거나, 소중한 것을 빼앗겼다고 느낄 때, 혹은 내 뜻과 다르게 상황이 흘러갈 때 마음속에서 열기가 차오른다. 아이에게도 '화'는 낯선 감정이 아니다. 오히려 성장 과정에서 반드시 만나게 되는 중요한 정서다.

　감정심리학자 에크만은 여섯 가지 기본감정 중 분노를 "위협이나 불공평함을 감지했을 때 자신을 보호하려는 본능적 반응"이라고 설명했다. 즉, 화는 파괴의 신호가 아니라 자기경계를 지키려는 마음의 메시지다. 그러나 어른들은 종종 아이의 화 앞에서 불안해진다.

"화를 내면 안 돼."

"동생이니까 참아야지."

이런 말들은 아이의 감정을 멈춰 세우고, 결국 마음 깊은 곳으로 숨게 만든다. 표현되지 못한 화는 사라지지 않고, 다른 모습으로 남는다.

아이들과 함께 지내며 나는 매번 다시 깨닫는다. 화는 눌러야 할 감정이 아니라, 바라보고 다루어야 할 에너지라는 것을. 그 열기를 안전하게 표현할 수 있을 때, 아이는 오히려 더 단단해지고 마음의 균형을 회복한다. 화는 아이 마음을 무너뜨리는 불이 아니라, 스스로를 지키기 위해 켜지는 마음의 신호이기 때문이다.

감정을 삼키며
웅크린 채채

소중한 것을
빼앗겼다고 느낄 때,
혹은 내 뜻과 다르게
상황이 흘러갈 때
마음속에서
열기가 차오른다.

뺏기기 싫은 채채,
갖고 싶은 동생

아이들과 함께
지내며 나는 매번
다시 깨닫는다.

할머니 집엔 마음이 익어가요

요즘 채채는 장난감을 가지고 놀 때 세상에서 가장 즐거운 얼굴을 한다. 블록을 차곡차곡 쌓으며 "탑이 높아요!" 하고 외치고, 인형을 움직이며 이야기를 만들어내는 모습은 한 편의 동화를 보는 듯하다. 그 순간만큼은 아이의 마음도 고요하고 충만하다.

하지만 그 평온은 동생의 손짓 하나에 쉽게 흔들린다. 동생이 블록 가까이 다가오는 순간, 채채의 얼굴은 곧바로 굳어지고

"안 돼! 내 거야!"

라는 말이 튀어나온다. 목소리는 점점 커지고, 블록을 등 뒤로 숨기거나 몸으로 감싸 안으며 지키려 한다. 동생이 하나라도 가져가면 울음이 터지고, 문을 "쾅" 열었다 닫으며 분노를 쏟아낸다.

"동생이 미워요! 오늘은 진짜 안 놀 거예요!"

겉으로 보면 단순히 '장난감을 빼앗긴 상황'으로 보일지도 모른다. 그러나 그 울음 속에는 그보다 훨씬 깊은 마음이 담겨 있다. 지금 이 순간만큼은 나의 세계를 지켜달라는 마음, 나도 소중한 존재하는 것을 알아봐 달라는 요청.

아이의 뜨거운 울음은 떼가 아니라 신호다.

"내 마음을 좀 알아봐 주세요."

그 간절한 메시지가 분노와 눈물 속에서 터져 나오고 있다.

언제 터질지 모르는 고요함

언제 터질지 모르는
고요함 블록을
손으로 맞추며
말이 거의 없다가도,
풍선이 등장하면
고요는 사라지고
재잘거리며
밝아지는 아이들

할머니 집엔 마음이 익어가요

처음엔 할머니로서 마음이 편치 않았다. '왜 저렇게 화를 낼까? 조금만 양보하면 좋을 텐데….' 그런 생각이 먼저 들었다.

하지만 상담사의 시선으로 다시 바라보자, 그것은 떼쓰기도 고집도 아니었다. 아이가 보내는 분명한 신호였다.

"나 여기 있어요."

"내 마음도 소중해요."

에릭슨(Erikson)은 이 시기를 '주도성 대 죄책감'의 단계로 설명한다. 아이는 자신의 의지를 행동으로 옮기고 싶어 하지만, 그 시도가 반복해 막히면 마음은 쉽게 움츠러든다. 시도해도 안 되고, 표현해도 받아들여지지 않을 때 아이는 스스로를 의심하게 된다.

피아제(Piaget)에 따르면 전조작기 아이는 여전히 자기중심적인 관점으로 세상을 이해한다. 그래서 동생이 장난감을 건드리는 일은 채채에게 단순한 방해가 아니다. 아이의 마음에서는 '내 세계가 흔들리는 사건'에 가깝다.

그렇기에 아이의 '화'는 단순한 분노가 아니다. 자신의 존재가 위협받는 순간 울리는 정서적 경보음이다. 그 경보를 통해 채채는 스스로의 마음을 지키려 하고 있다. 화는 문제 행동이 아니라, 마음이 살아 있다는 증거다.

궁금하고
스스로 해보고
싶은 마음

아이는 자신의
의지를 행동으로
옮기고 싶어 하지만,
그 시도가 반복해
막히면 마음은
쉽게 움츠러든다.

할머니 집엔 마음이 익어가요

그날, 나는 조심스럽게 제안했다.

"우리 화난 마음을 푸놀치로 표현해 볼까?"

도마 위에 사과와 당근을 올려두고, 채채의 손에 안전한 플라스틱 칼을 쥐여 주었다.

"동생이 장난감을 가져가서 화가 났을 때, 그 마음이 어떤 모양 같아? 한 번 잘라볼까?"

채채는 잠시 머뭇거리다 낮은 목소리로 말했다.

"화났어요. 싫어요."

손에 힘이 들어갔지만 사과는 쉽게 잘리지 않았다. 나는 아이의 손등 위에 내 손을 포개며 말했다.

"하나, 둘, 셋— 탁!"

사과가 갈라지는 소리와 함께 채채의 눈이 크게 열렸다.

"할머니, 됐어요!"

그 얼굴에는 놀람과 후련함이 함께 스쳐 갔다. 이번에는 당근을 바라보며 인상을 찡그렸다.

"이건 싫어요!"

"그래, 그럴 땐 이렇게 말해도 괜찮아. '이건 내 거야. 지금은 내가 가지고 놀 거야.'"

다시 함께 힘을 주자 '딱!' 하는 소리와 함께 당근이 갈라졌다.
채채는 잘린 조각을 한참 바라보다가 말했다.

"이제 작아요."

"그래, 작아졌네. 마음도 조금 작아졌을까?"

채채는 고개를 끄떡였다. 화가 완전히 사라진 건 아니었지만, 아이 스스로 다룰 수 있는 크기로 바뀌어 있었다. 그것이 바로 감정을 표현해 보는 경험이 만들어내는 변화였다.

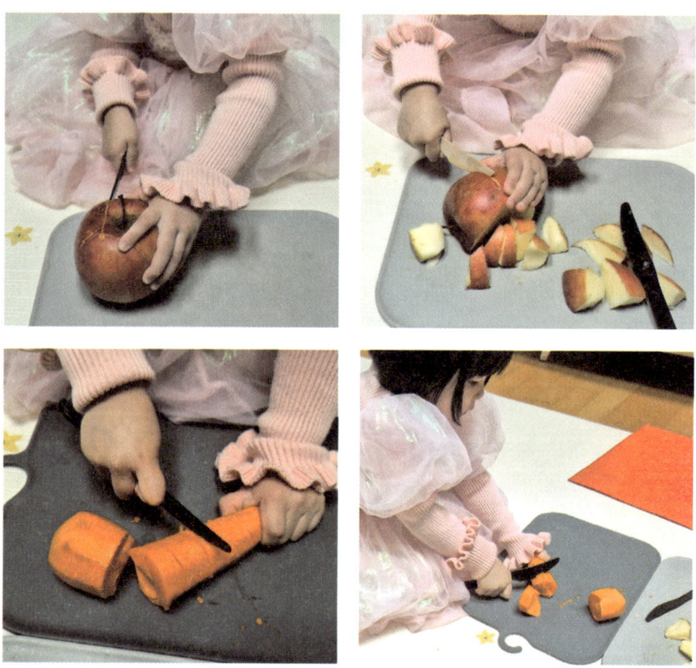

채채는 이제 언니라서 힘이 센데 왜 이렇게 잘 안 되지?

할머니 집엔 마음이 익어가요

도마 위에 흩어져 있던 조각들을 채채가 하나씩 모으기 시작했다.

"이건 집이에요. 이건 탑이에요."

손끝이 조각들을 세우고 맞추는 동안, 아이의 얼굴에는 이내 미소가 번졌다.

"이제 예뻐졌어요!"

조금 전까지만 해도 분노의 파편처럼 흩어져 있던 조각들이, 채채의 손끝에서 새로운 질서를 찾아가고 있었다. 푸드표현예술치료에서는 이러한 과정을 감정의 재구성(restructuring)이라 부른다. 아이는 화를 '없애는 것'이 아니라, 다시 세우는 방식을 몸으로 익히고 있었다.

"채채야, 화도 이렇게 다른 모양으로 만들 수 있단다. 화내는 건 나쁜 게 아니야. 다만 그 불꽃을 어디에, 어떻게 쓰느냐가 중요해."

그러자 채채가 낮은 목소리로 말했다.

"불꽃은 뜨거워요."

나는 고개를 끄덕였다. 맞다. 감정은 소중한 에너지이지만, 다루는 법을 모르면 마음 안에서 거칠게 요동치는 파괴적인 힘이 되기도 한다.

바로 그 순간, 아이의 손끝에서 감정의 조각들이 다시 세워지고

있었다. 그것은 화를 이해하고 다루는 방향으로 한 걸음 나아간,

작지만 분명한 알아차림의 순간이었다.

하나, 둘, 셋
당근이
잘라졌어요!!!

그러면 안 되는
마음을 말 대신
손으로 잘라본 시간.
당근 조각만큼
채채의 얼굴이
풀어졌다.

할머니 집엔 마음이 익어가요

에버랜드 퍼레이드를 다녀온 뒤로, 채채의 마음은 온통 공주 세계에 머물러 있다.

"채채는 공주예요. 이거 입고 어린이집 갈 거예요!"

잠들기 전에도 "공주는 옷 벗으면 안 돼요."라며 드레스를 벗지 않으려던 날도 있었다. 겉으로 보면 단순한 '옷 고집'처럼 보일 수도 있다. 하지만 그 안에는 훨씬 깊은 감정의 흐름이 담겨 있다.

공주 옷은 채채에게 단순한 의상이 아니라, "나는 이런 아이야"라고 말해주는 상징적 자아의 무대였다. 낮 동안 흔들렸던 마음이 드레스를 입는 순간 다시 자리를 찾고, 흩어졌던 감정의 균형이 역할놀이 속에서 차분히 정돈되는 듯했다.

조금 전까지 뜨거웠던 마음의 열기는 상상의 세계로 옮겨가 자기표현의 힘으로 바뀌었다. 그 드레스 한 벌은 채채에게 감정을 다시 세우고, 스스로를 지켜내는 자기만의 방식이 되어 있었다.

당근과 사과로
채채 집을
만들었어요.

손끝이 조각들을
세우고 맞추는 동안,
아이의 얼굴에는
이내 미소가 번졌다.

할머니 집엔 마음이 익어가요

푸놀치는 감정이 손끝을 지나 감각으로 자리 잡도록 돕는 작업이다. 사과의 단단함, 당근을 누를 때 전해지는 힘의 떨림, 손에 묻어나는 촉감까지 이 모든 경험은 아이의 감정이 몸으로 표현되는 또 하나의 언어가 된다.

푸드표현예술치료는 화를 억누르는 데 목적이 있지 않다. 감정을 자연스럽게 흘려보내고, 그 에너지가 새로운 의미로 전환되도록 돕는 접근이다. 부서진 조각은 파편으로 남지 않고, 다시 이야기를 만들어 가는 재료가 된다.

화는 파괴와 창조 사이를 오가는 감정이다. 그리고 그 방향은 감정을 어떻게 다루느냐에 따라 달라진다.

"채채야, 화날 때는 어떻게 하면 좋을까?"

내가 묻자, 채채는 도마를 가리켰다.

"여기로요! 도마로 보내요."

"그래, 그리고 예쁜 집으로 다시 만들면 돼."

채채는 조각을 모으며 환하게 웃었다.

"응, 그러면 다시 예뻐져요."

그때 나는 알았다. 이이의 마음속 불꽃은 더 이상 무섭지 않다는 것을. 채채는 손으로 '화'를 만지고, 흘려보내고, 다시 세우는 법을 스스로 익혀가고 있었다.

**화의 감정을
재구성하는
채채**

사과의 단단함,
당근을 누를 때
전해지는 힘의 떨림,
손에 묻어나는
촉감까지
이 모든 경험은
아이의 감정이
몸으로 표현되는
또 하나의
언어가 된다.

화는 부정적인 감정이 아니다. 아이에게 자기경계를 배우고 지키도록 돕는 중요한 정서적 신호다. 억누르기만 하면 마음 깊은 곳에서 더욱 거세지고, 드러낼 기회를 잃으면 아이는 결국 자기표현을 두려워하게 된다. 그래서 "화를 내지 말라"라고 말하기보다, 어떻게 안전하고 건강하게 표현할 수 있는지를 알려주는 일이 더 중요하다.

오늘도 채채는 사과를 자르고, 당근을 세우며 말했다.

"화났어요!"

잠시 후, 아이는 웃음으로 그 감정을 정리했다. 그 웃음은 끝이 아니라, 다음 관계로 건너가는 다리였다. 감정은 사라지는 것이 아니다. 모양을 바꾸어 길을 찾는다. 아이의 손끝에서 화난 감정의 불꽃은 파괴가 아닌, 생존을 위한 생명의 빛으로 남고, 그 빛은 일상 속에서 따뜻한 힘이 되어 확장된다. 감정이 안전하게 흘러나올 때 아이의 마음은 다시 숨을 쉰다. 그리고 그 숨은 다음 하루를 살아갈 생명력의 원천이 된다.

아이는 웃음으로
그 감정을 정리했다.
그 웃음은
끝이 아니라,
다음 관계로 건너가는
다리였다.
감정은 사라지는
것이 아니다.
모양을 바꾸어
길을 찾는다.

할머니 집엔 마음이 익어가요

4장

괴물(두려움)을 작게 만드는 아이

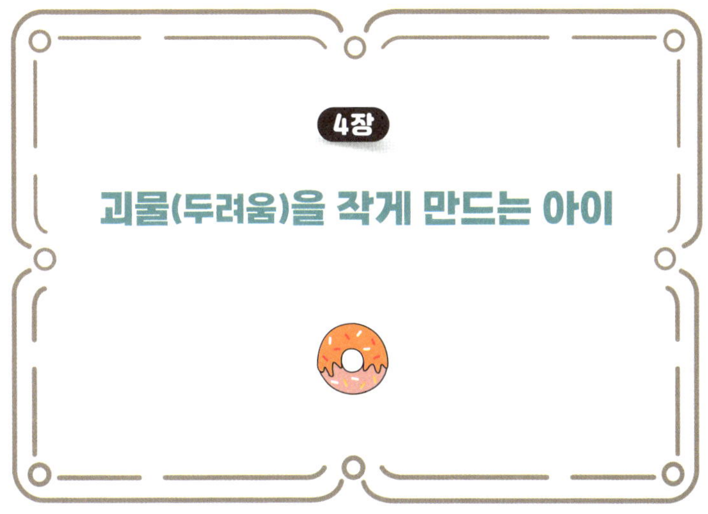

01 마음속 그림자, 두려움이라는 감정

두려움은 위험이나 낯선 자극으로부터 나를 보호하려는 본능적인 신호다. 감정심리학자 에크만은 두려움을 인간이 태어날 때부터 지닌 여섯 가지 기본감정 가운데 하나로 설명하며, "생존을 위해 위험을 감지하도록 돕는 자연스러운 반응"이라고 말했다. 그래서 두려움은 약함의 표지가 아니다. 오히려 살았다는 증거이자, 내면의 경보등이 켜졌다는 의미에 더 가깝다.

아이에게 두려움은 더욱 특별한 감정이다. 처음 듣는 낯선 소리, 아직 익숙하지 않은 얼굴, 예측하기 어려운 어둠 같은 환경은 아이의 마음을 순간 움츠러들게 한다. 이러한 경험을 통해 아이는 '안전한 것'과 '불편한 것'을 구분하고, 세상을 조금씩 배워간다.

그럼에도 어른은 여전히 아이의 두려움을 불편해한다.

"겁낼 일이 아니야."

"그 정도는 괜찮아."

이런 말들은 아이의 마음을 달래기보다 오히려 그 마음을 닫게 만드는 문장이 된다. 두려움은 외면한다고 사라지지 않는다. 누군가 곁에 앉아 그 감정을 함께 바라봐 줄 때, 두려움은 비로소 조금씩 작아지고, 닫혀 있던 마음속 공간도 다시 숨을 쉬기 시작한다.

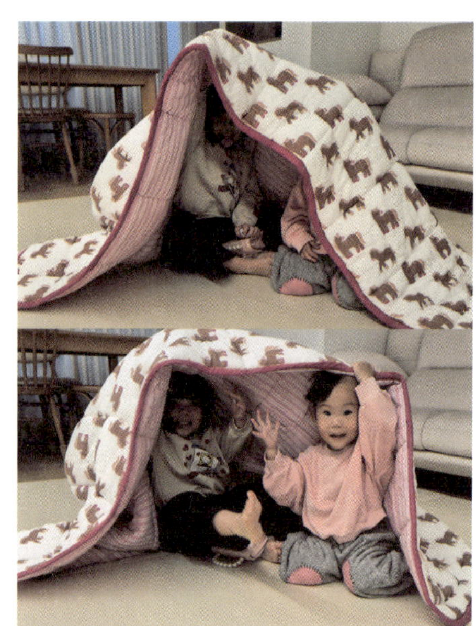

할머니 빨리 여기로 들어오세요

천둥이 치면 아이들은 숨을 곳을 만들고 가장 먼저 할머니를 부른다.

채채는 밝고 활달한 아이다. 그러나 낯선 소리에는 유난히 예민하게 반응한다. 어느 날 아파트에 안내방송이 울리자, 채채의 눈이 순간 크게 떠졌다. 그리고 재빠르게 달려와 내 옷자락을 꼭 붙잡았다.

"할머니, 무서워요."

나는 아이의 손을 잡아 품 안으로 천천히 끌어당겼다.

"괜찮아, 채채야. 사람들에게 소식을 전하는 소리야. 우리한테 나쁜 일은 아니야."

굳어 있던 어깨는 내 품 안에서 서서히 힘을 풀었고, 가쁘게 오르내리던 숨도 조금씩 고른 박자를 되찾았다.

내 손을 꼭 붙잡은 아이의 손길에서 전해지는 온기 속으로, 두려움은 천천히 빠져나가기 시작했다.

두려움은 이렇듯 이해받는 순간 작아지는 감정이다. 누군가 따뜻하게 곁을 지켜주면, 낯선 소리는 더 이상 위협이 아니라 세상을 배워가는 과정에서 마주치는 하나의 경험이 된다.

초등학교 6학년
친구들의 집단상담.
아이들이
자신의 감정을
표현한 작품들.

말로 다 하지 못한
감정을 얼굴로
만들었다.
이것은 표정이 아니라
아이들의 그 순간의
마음이었다.

할머니 집엔 마음이 익어가요

비가 내리던 어느 날 오후, 갑자기 "쾅!" 하고 천둥소리가 울렸다. 채채는 두 손으로 귀를 막고 이불속으로 뛰어들며 외쳤다. 채채의 빠른 숨결이 따뜻하게 전해졌다.

"괜찮아, 채채야. 천둥은 하늘이 크게 숨 쉬는 거야."

그 말을 듣던 채채가 갑자기 고개를 들어 물었다.

"비 와요? 그럼 장화 신고 첨벙첨벙할래요!"

두려움으로 움츠러들던 표정이 순식간에 기대와 호기심으로 바뀌었다. 그 전환을 바라보며 나도 자연스레 미소가 번졌다. 감정을 숨기지 않고 그대로 드러낸 뒤, 다른 감정으로 이동하는 아이의 능력이 내겐 그저 놀라운 성장의 신호처럼 느껴졌다.

상담사로서 나는 이런 순간을 '정서 전환의 시간'이라 부른다. 아이의 두려움이 사라진 것은 아니다. 몸으로 표현하고, 말로 꺼내고, 놀이로 바꾸는 과정 속에서 감정이 안전한 자리로 옮겨갔을 뿐이다.

그렇게 아이는 두려움을 견디는 법, 그리고 세상을 자기 속도로 이해하는 힘을 조금씩 길러간다.

치즈야! 그렇게 딱 붙어있으면 어떻게 해?

할머니 집엔 마음이 익어가요

며칠 뒤, 나는 채채와 두려움을 다루는 푸놀치 활동을 준비했다. 접시에 노란 치즈와 하얀 치즈, 그리고 호두, 아몬드, 젤리, 스프링클을 올려두었다.

"치즈다! 채채가 비닐 벗길래요."

비닐에는 표시가 있었지만, 채채가 바로 알아차리기엔 어려웠다. 나는 방향을 짚어주며 채채의 손등 위에 내 손을 포개어 함께 도와주었다. 비닐이 '슥' 하고 벗겨지자, 채채의 얼굴에 미소가 번졌다.

"됐다! 이제 할머니, 이거 말랑말랑해요!"

치즈를 꼭 쥐고 펴며 느끼는 그 말랑한 촉감이 채채의 마음도 풀어주는 듯했다. 나는 살피듯 물었다.

"채채야, 저번에 방송 소리 들릴 때 많이 놀랐지?"

채채는 치즈를 만지던 손을 멈추고 고개를 끄덕였다.

"응... 커서 놀랐어요."

긴 설명이 아니어도 충분했다. 아이의 말과 손끝, 움직임만으로도 마음의 결이 고스란히 전해졌기 때문이다.

치즈가 손 안에서 눌리고 굴러가는 그 말랑한 감각은 채채에게 두려움을 다루는 첫 연습이 되고 있었다. 말보다 감각이 먼저 마음을 풀어주는 이 경험, 그것이 푸놀치가 지닌 치유의 힘이다. 아이의 마음은 그렇게, 말랑한 촉감 속에서 조금씩 안정의 방향을 찾아가고 있었다.

할머니 집엔 마음이 익어가요

채채는 치즈를 손바닥으로 꾹꾹 눌렀다. 치즈의 모양이 바뀌자 아이의 얼굴에 잠깐 진지한 표정이 스쳤다.

"이건 무서운 거예요."

나는 고개를 끄덕이며 물었다.

"그래, 이렇게 눌러보면 마음이 조금 덜 무서울까?"

"응, 좋아요."

채채는 곧 두 가지 색 치즈를 섞으며 주무르기 시작했다. 손가락 사이로 말랑하게 늘어나는 촉감이 마음까지 풀어주는 듯했다. 잠시 뒤, 치즈를 바라보던 채채가 말했다.

"이건 괜찮아요."

조금 전보다 눈에 띄게 가벼워진 목소리였다. 채채는 호두와 아몬드를 치즈 속에 꾹 누르며 덧붙였다.

"숨겼어요. 무서운 거 들어가면 안 돼요."

나는 고개를 끄덕이며 웃었다. 채채는 두려움을 밀어내거나 참는 것이 아니라, 치즈를 만지고 섞고, 눌러보며 스스로 감정을 조절하는 방법을 익히고 있었다.

그 모습을 바라보며 다시금 깨닫는다. 감정은 가르치는 것이 아니라, 함께 만지고 함께 느끼며 배워가는 마음의 언어라는 사실을.

**치즈를 섞으며
주무르며
꼭꼭 숨어라**

채채는 두려움을
밀어내거나
참는 것이 아니라,
치즈를 만지고 섞고,
눌러보며 스스로
감정을 조절하는
방법을 익히고 있었다.

할머니 집엔 마음이 익어가요

치즈를 주무르던 채채가 갑자기 말했다.

"튀어나오면 안 돼요."

그리고 손바닥으로 치즈를 꼭 눌렀다.

"할머니, 잡아줘요. 도망가면 안 돼요."

나는 아이의 손 위에 내 손을 포갰다.

"그래, 우리 같이 눌러보자. 여기서 잠깐 그대로 있게 해 보자."

채채는 내 손의 리듬을 따라 차분히 눌러 내려갔다. 그 동작 속에는 두려움을 붙잡고, 스스로 다루고 싶어 하는 마음이 담겨 있었다. 잠시 후, 채채는 비닐을 가져와 치즈 위를 덮었다.

"이불이에요. 무서운 거 안 보여요."

그 말을 듣는 순간, 마음이 찡해졌다.

아이는 자기 나름의 방식으로 두려움을 덮고, 감정을 정리하며, 스스로 다루고 있었다. 두려움을 없애려는 것이 아니라, 어떻게 함께 견뎌낼 것인지를 몸으로 배우는 중이었다.

그 선택의 순간은 마음의 회복이 어디에서 시작되는지를 온전히 보여주고 있었다.

**치즈야 춥지
내가 덮어줄게**

아이는 자기
나름의 방식으로
두려움을 덮고,
감정을 정리하며,
스스로 다루고
있었다.

할머니 집엔 마음이 익어가요

비닐을 덮은 뒤, 채채는 스프링클과 젤리를 하나씩 꺼내 치즈 위에 조심스럽게 올렸다. 색색의 조각들이 치즈 위에 내려앉자 아이의 얼굴도 한결 밝아졌다.

"이건 예쁜 거예요. 무지개예요."

"무지개?" 하고 되묻자, 채채가 고개를 끄덕이며 말을 이어갔다.

"응, 이제 안 무서워요. 예뻐요."

그 말은 두려움이 사라졌다는 뜻이 아니다. 두려움이 한 자리를 떠나 다른 감정으로 옮겨 가고 있다는 신호다. 채채의 손끝은 한 층 가벼워졌고, 표정에도 밝은 빛이 스며들었다.

푸놀치는 감정을 억누르지 않고 오감의 언어로 다시 빚어내는 예술이다. 두려움은 사라지는 것이 아니라, 색과 모양 속에서 새로운 의미를 얻는다. 감정이 안전하게 다뤄질 때, 마음은 조금씩 회복의 방향을 찾아간다.

**무지개는 예뻐요.
채채가
꼭꼭 눌러줄게**

두려움은
사라지는 것이
아니라, 색과
모양 속에서 새로운
의미를 얻는다.

할머니 집엔 마음이 익어가요

에릭슨은 3~4세 시기를 '주도성 대 죄책감'의 단계로 설명한다. 이 시기 아이는 스스로 해보며 자신감을 쌓아가지만, 뜻대로 되지 않는 순간에는 두려움과 불안이 금세 마음을 흔들곤 한다.

피아제의 관점에서 전조작기의 아이는 논리보다 감각을 중심으로 세상을 이해한다. 그래서 어른에게는 단순한 안내방송조차 아이에게는 갑작스레 들이닥친 낯선 존재처럼 느껴질 수 있다.

이 시기에는 두려움을 말로 길게 설명하기보다 촉감·색·움직임 같은 감각의 언어로 감정을 표현하도록 돕는 일이 훨씬 효과적이다.

채채가 활동 중 말했던 짧은 문장들

"무서운 거 도망갔어요.",

"이건 무지개예요."

이 표현은 단순한 묘사가 아니다. 두려움이 아이의 손끝에서 작아지고, 다른 감정의 자리로 옮겨가는 과정이다.

짧은 문장 속에서 나는 자기조절, 상상력, 회복탄력성이 아주 천천히, 그러나 또렷하게 움트고 있는 모습을 볼 수 있었다.

작아지는 두려움, 커지는 나

"이건 무지개예요." 이 표현은 단순한 묘사가 아니다.
두려움이 아이의 손끝에서 작아지고,
다른 감정의 자리로 옮겨가는 과정이다.

할머니 집엔 마음이 익어가요

활동을 마친 뒤, 채채는 훨씬 밝은 표정으로 말했다.

"이제 괜찮아요. 괴물 없어요."

"그래, 괜찮아졌구나. 그럼 괴물은 어디 갔을까?"

내가 묻자 채채는 잠시 생각하더니 대답했다.

"무지개 속에 들어갔어요."

그 말에 나도 미소가 번졌다. 두려움을 없애는 대신, 스스로 다룰 수 있는 모양으로 바꾼 마음이 짧은 문장 속에 고스란히 담겨 있었기 때문이다.

두려움은 누구에게나 찾아오는 감정이다. 하지만 그 감정을 다루는 힘은 혼자가 아니라, 사랑과 관계 속에서 자라난다.

오늘 채채가 눌러주고 덮어준 것은 단지 치즈가 아니라 '자기 마음'이었다. 아이는 두려움을 괴물이 아닌 무지개의 이미지로 바꾸며, 자기조절과 상상력, 회복탄력성을 동시에 키우고 있었다.

그 순간, 나는 깨달았다. 두려움을 없애는 사람이 용감한 것이 아니라, 두려움을 품고 다루는 법을 배워가는 사람이. 진짜로 용기 있는 사람이라는 것을. 그 용기를 아이에게서 배운 오늘, 나는 그 따뜻한 배움을 내 마음에 담아 간직했다

나의 사랑스러운
손녀들

두려움은
누구에게나 찾아오는
감정이다.
하지만 그 감정을
다루는 힘은
혼자가 아니라,
사랑과 관계 속에서
자라난다.

할머니 집엔 마음이 익어가요

5장

마음이 깜짝 자라는 순간 – 놀람

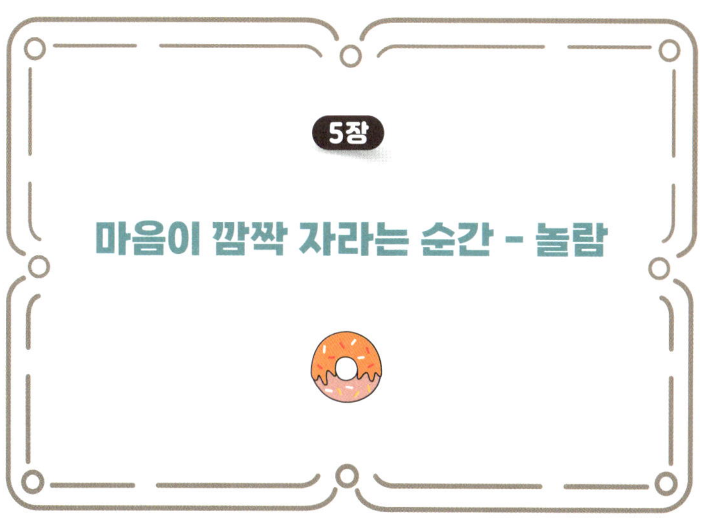

01 깜짝 놀라는 마음

놀람은 감정심리학자 에크만(Ekman)이 정의한 여섯 가지 기본 감정 가운데 하나다. 그는 놀람을 단순한 '깜짝 반응'이 아니라, 예기치 못한 변화를 감지하고 새로운 정보를 받아들일 준비를 갖추는 순간으로 설명한다.

아이에게 놀람은 두려움과 호기심 사이에서 마음이 열리는 감정이다. 갑작스러운 소리나 낯선 장면을 마주하면 아이의 눈은 커지고, 몸은 잠시 굳었다가 천천히 풀린다. 어른에게는 사소해 보이는 그 순간이 아이에게는 전혀 새로운 세계로 들어서는 시작점이 된다.

　놀람은 불편한 감정이 아니다. 오히려 성장이 시작되고 있음을 알려주는 신호에 가깝다. 이 감정을 안전하게 경험할 때, 아이는 세상을 믿는 힘과 스스로를 믿는 힘을 차곡차곡 쌓아 나가게 된다.

깜작 놀라 눈이 커진 채채의 모습

할머니 마음

있는 모습 그대로를 바라볼 수 있는 할머니가 되고 싶다.

채채는 밝고 관찰력도 풍부한 아이다. 다만 낯선 소리에는 유독 민감하게 반응한다. 어느 날, 윗집에서 '쿵쿵' 소리가 들리자, 채채의 손이 장난감을 쥔 채 멈췄다. 눈이 크게 떠지고, 내 쪽으로 몸을 돌리며 물었다.

"할머니, 이건 뭐예요?"

나는 차분히 대답했다.

"윗집에서 청소하는 소리야. 채채 엄마가 청소기 돌릴 때 나는 소리랑 비슷하지?"

채채는 잠시 눈을 깜빡이며 멈춰 서 있다가, 다시 장난감을 움직이며 놀이를 이어갔다. 그 순간 나는 알았다. 놀람이 불안으로 굳지 않고 이해로 건너갈 때, 아이의 마음은 이미 한 걸음 더 자라 있다는 것을.

그 순간 나는 알았다.
놀람이 불안으로
굳지 않고 이해로
건너갈 때,
아이의 마음은
이미 한 걸음 더
자라 있다는 것을.

할머니 집엔 마음이 익어가요

"띠링— 안내 말씀 드리겠습니다."

아파트 관리실 방송이 울리자, 채채는 하던 놀이를 멈추고 곧장 내 품으로 달려왔다. 귀를 막은 채 얼굴을 무릎에 파묻는 모습에서, 낯선 소리에 대한 불안이 아직 마음에 남아 있음을 느낄 수 있었다.

나는 말보다 먼저 아이의 등에 손을 얹었다. 등을 타고 전해지는 온기가 아이에게 닿자 빳빳하게 굳어 있던 숨결이 조금씩 느슨해졌다.

"괜찮아, 채채야. 방송 끝났어. 우리 다시 놀아볼까?"

낮고 편안한 목소리에 채채는 고개를 살짝 들더니 다시 장난감을 집어 들었다. 방금 전까지 어깨까지 긴장되어 있던 몸은, 천천히 그러나 분명하게 자기 리듬을 되찾고 있었다.

그 모습을 보며 나는 깨달았다. 아이의 마음은 놀람을 겪을 때마다 불안을 함께 경험한다는 것을. 그리고 그때마다 아이는 다시 회복되고, 반복되는 이 치유의 과정 속에서 세상을 견디는 마음의 근육을 차곡차곡 단단히 길러가고 있었다.

엘리베이터에서
나는 소리도 이제는
웃을 수 있어요.

무서운 물고기도
이제는 혼자서
잡을 수 있어요.

아이는 다시 회복되고,
반복되는 이 치유의
과정 속에서
세상을 견디는 마음의
근육을 차곡차곡
단단히 길러가고 있다.

할머니 집엔 마음이 익어가요

최근에도 채채는 놀라면서도 이렇게 묻곤 한다.

"왜 자꾸 소리 나요?"

그 질문을 들을 때마다 나는 마음이 따뜻해진다. 두려움이 그대로 멈춰 서 있는 것이 아니라, 조금씩 '궁금함'이라는 새로운 감정으로 건너가고 있기 때문이다. 무서움에서 호기심으로 이어지는 이 전환은 아이 마음의 성장 과정에서 매우 중요한 징검다리다.

나는 채채의 눈높이와 속도에 맞춰 천천히 설명한다.

"그건 기계가 움직이면서 나는 소리야. 우리에게는 아무 일도 없어."

내 말을 듣는 동안 채채의 눈빛은 긴장에서 차분함으로 바뀐다. 얼마 전까지만 해도 움츠러들기만 하던 놀람이, 이제는 세상을 이해하려는 마음의 창이 되어 아이 안에서 조금씩 열리고 있었다.

아이의 두려움이 질문으로 바뀌는 순간, 감정은 흐르고 또렷해지며 새로운 의미를 찾아간다. 그 과정 속에서 채채의 마음은 오늘도 한 뼘 더 자라나고 있었다.

맛있는 팝콘을
먹고 실어요

맛나게 팝콘을
먹어보자고
할머니랑 이야기 중

아이의 두려움이
질문으로 바뀌는 순간,
감정은 흐르고
또렷해지며 새로운
의미를 찾아간다.

할머니 집엔 마음이 익어가요

오늘은 '놀람'을 주제로 푸놀치 활동을 해보기로 했다. 며칠 전 에버랜드에서 캐릭터 팝콘통을 보고 두 손을 모아 환하게 웃던 채채의 모습을 떠올렸다. 그 반짝이던 표정을 기억하며 달콤한 팝콘과 샤인머스캣, 블루베리를 준비하고, 거실 바닥에는 도화지를 펼쳐 두었다.

"채채야, 오늘은 놀라는 마음을 만들어볼까?"

채채는 두 눈을 동그랗게 뜨며 대답했다

"네! 이제 시작해요?"

그 밝은 목소리를 들으며 나는 생각했다. 오늘 채채의 손끝에서 어떤 '놀람'이 창조적으로 펼쳐질지 기대된다. 그 움직임과 마음을 함께 할 수 있는 이 순간은 이미 내게 선물이다

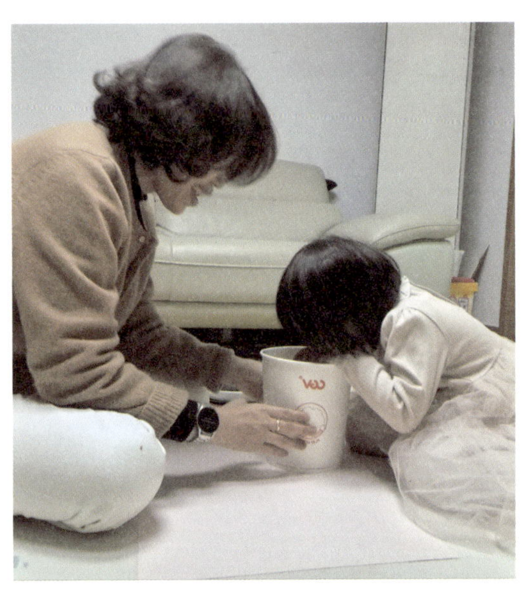

새로운 맛을
처음 만나는 설렘,
그리고 세상을
알아가는 축제로
변해 있었다.

할머니 집엔 마음이 익어가요

팝콘을 먹던 채채의 손이 갑자기 멈췄다.

"어? 포도예요!"

팝콘 통속에서 발견한 초록빛 샤인머스캣 한 알이 채채의 손바닥에서 반짝이고 있었다. 채채는 눈을 동그랗게 뜨더니, 곧바로 입에 쏙 넣었다.

"또 있을까?"

내가 묻자, 채채는 팝콘 통속을 재빠르게 뒤적이며 외쳤다.

"있어요! 또 있어요!"

노란 팝콘 사이에서 까만 점 하나가 눈에 띄었다.

"블루베리예요!"

발견할 때마다 아이는 온몸으로 반응했다. 손이 허공을 향해 번쩍 들리고, 입 안 가득 퍼지는 달콤함에 얼굴 전체가 환한 웃음으로 물들었다.

그 순간의 '놀람'은 더 이상 무서운 감정이 아니었다. 예기치 않은 발견의 기쁨, 새로운 맛을 처음 만나는 설렘, 그리고 세상을 알아가는 축제로 변해 있었다. 채채의 손끝에서 놀람은 두려움이 아니라 호기심과 기쁨으로 다시 태어나고 있었다.

와! 찾았다.

에버랜드에서
캐릭터 팝콘통을 보고
두 손을 모아
환하게 웃던 채채의
모습을 떠올렸다.

"채채야, 놀랐을 때 얼굴을 만들어볼까?"

여러 색의 접시 중 채채는 빨간 접시를 집어 들었다.

"이게 예뻐요."

내가 미리 동그랗게 오려 둔 치즈로 눈을 놓고, 그 위에 블루베리를 올렸다. 샤인머스캣을 반으로 잘라 입을 만들었다. 그리고 팝콘을 흩뿌렸다.

"머리카락이에요. 놀란 얼굴인데... 웃고 있어요."

"맞아. 놀랐을 때도 웃을 수 있지."

빨간 접시 위에서 놀람은 더 이상 움츠러드는 감정이 아니었다. 세상을 향해 한 걸음 더 가까이 다가가고 싶은 마음으로, 눈빛에는 호기심이 반짝이고 있었다.

**빨간 접시
위에서 놀람**

달콤한 향기 속
놀람은 호기심으로
포도를 반으로
자르며 세상을 배워요

할머니 집엔 마음이 익어가요

이번에는 내가 파란 접시를 집어 들었다. 포도 두 알과 블루베리로 눈을 만들고, 포도 껍질로 살짝 벌린 입을 표현했다.

"이건 할머니가 본 채채의 얼굴이야."

"채채 얼굴요?"

채채가 고개를 갸웃하자, 나는 웃으며 말했다.

"응, 놀라서 귀 막고 있던 그때 말이야. 그 모습이 아직도 마음에 남아 있어."

채채는 잠시 내 얼굴을 바라보더니, 작게 웃었다. 그 웃음에는 '놀랐던 나'를 창피한 순간으로 기억하지 않고, 누군가가 따뜻하게 지켜본 장면으로 받아들이는 마음의 변화가 담겨 있었다.

어른과 아이는 같은 장면을 보아도 마음에 담는 방식이 다르다. 아이는 감정을 스쳐 지나가듯 흘려보내고, 어른인 나는 그 순간을 오래 기억해 마음에 간직한다, 그러나 그 차이는 우리 사이의 거리를 멀게 하지 않았다. 오히려 아이의 마음과 나의 마음 사이에 조금 더 깊고 단단한 연결고리를 만들어 주고 있었다.

할머니가 본 채채

아이의 마음과
나의 마음 사이에
조금 더 깊고 단단한
연결고리를 만들어
주고 있었다.

할머니 집엔 마음이 익어가요

활동이 끝나자, 채채는 빨간 접시를 들여다보며 말했다.

"할머니, 또 놀람 만들어요."

나는 웃으며 대답했다.

"그래, 다음엔 다른 감정도 해보자."

그날 이후 채채는 소리가 날 때마다 나를 찾아와 묻곤 한다.

"이건 놀람이에요? 큰 놀람이에요?"

나는 아이의 옆에 앉아 차분히 말해준다.

"응, 큰 놀람이네. 그런데 괜찮아. 우리 같이 있으니까."

놀람은 여전히 채채의 하루 곳곳에서 얼굴을 내밀지만, 이제 그것은 무섭기만 한 감정이 아니다. 이해하고, 표현하고, 함께 다룰 수 있는 감정으로 조금씩 자리 잡아가고 있었다.

에릭슨은 이 시기를 '주도성 대 죄책감'의 단계로 설명한다. 새로운 것을 시도하고 싶은 욕구와 뜻대로 되지 않을 때 움츠러드는 감정이 동시에 나타나는 시기다. 따라서 놀람과 두려움이 안전하게 다뤄질수록, 아이는 자신감을 얻고 세상으로 한 발 더 나아갈 힘을 키워간다.

피아제에 따르면 전조작기 아이는 논리보다 감각과 경험을 통해 세상을 이해한다. 그래서 팝콘 속에서 갑자기 나타난 포도에도, 예상치 못한 방송 소리에도 놀라지만, 그 놀람이 반복될수록 이해의 문은 조금씩 열린다.

오늘도 채채는 소리와 빛, 맛과 색을 통해 자신만의 속도로 세상을 배워간다. 예상치 못한 순간마다 눈을 크게 뜨며 묻는다.

"이건 뭐예요?"

나는 그 물음 속에서 아이가 세상을 향해 마음을 여는 소리를 듣는다. 놀람은 두려움이 아니라, 성장으로 이어지는 언어다. 그리고 나는 그 놀람의 곁에서 함께 놀라고, 함께 웃으며 채채의 마음이 자라는 속도에 맞춰 동행하는 사람으로 남는다. 그것이 할머니이자 상담사로서 내가 건넬 수 있는 가장 따뜻한 지지임을, 오늘도 다시 배운다.

오늘은 가을이 우리 옷이에요.

할머니 집엔 마음이 익어가요

나를 인식하는 감정

나를 인식하는 감정

자아의식과 사회적 규범을 배우는 발달 감정

(Self-Conscious Emotions 기반)

'나'를 인식하는 감정은 인간이 자기 존재를 자각하고, 사회 속에서 자신을 바라보기 시작할 때 비로소 형성된다. 이 감정들은 단순한 본능적 반응이 아니라, 타인의 시선을 의식하고, 사회적 규범 속에서 자신을 평가하는 과정에서 나타나는 복합 정서이다.

Tangney와 Fischer(1995)는 부끄러움, 죄책감, 자부심, 당혹감과 같은 정서를 '자기인식 감정(Self-conscious emotions)'이라 부르며, 이러한 감정이 사회적 행동과 도덕적 판단을 이끄는 핵심 정서라고 설명했다.

아이는 어느 순간 스스로에게 묻기 시작한다.

할머니 집엔 마음이 익어가요

"사람들이 나를 어떻게 볼까?",

"나는 괜찮은 사람일까?"

이 질문들은 자기와 타인의 관계를 비추는 정서적 거울이며, 자신을 이해하고 성장으로 나아가게 하는 내면의 언어다.

나는 자기인식 감정으로 부끄러움과 자부심에 더해 '호기심'을 함께 만나고, 경험해보고자 한다. 아이가 '나'를 인식하기 시작할 때 가장 먼저 드러나는 확장 감정이기 때문이다.

아이는 타인의 시선을 의식하며 자신을 돌아보는 동시에, 무엇에 마음이 끌리는지, 무엇을 더 알고 싶은지를 느끼기 시작한다. 이때의 호기심은 정보를 모으려는 마음이라기보다, 자기 자신과 세상을 연결하려는 움직임에 가깝다. 놀람에서 시작된 감정은 질문으로 이어지고, 그 질문을 거듭하는 사이 아이는 조금씩 '나'라는 존재에 가까워진다.

그래서 호기심은 아이가 세상 속에서 자신을 발견하며 앞으로 나아가게 하는 마음의 힘이 된다.

감정 구성

■ 부끄러움 — 나는 아직 조금 부끄러워요

타인의 시선을 처음 의식하며 경험하는 감정이다. 자신을 보호하고, 관계의 경계를 배우는 자아인식의 출발점이 된다.

푸드표현예술치료에서는 상추로 바나나를 감싸듯, 감정을 숨기거나 드러내는 행위를 통해 부끄러움의 움직임을 자연스럽게 표현할 수 있다.

■ 자부심 — 내가 해냈어요!

성취에서 비롯되는 긍정적 자기인식이다. 자기효능감과 자기존중감을 키우는 중요한 감정으로, 아이가 자신의 작품을 함께 바라보며 "정말 멋지다."라고 말을 듣는 순간, '나는 할 수 있다'는 신념이 마음속에 자리 잡는다.

■ 호기심 — 마음이 자라나는 씨앗이에요.

자신과 세상을 탐색하려는 내면의 에너지이다. "이건 뭐예요?"라는 질문 속에는 배움과 탐색, 그리고 창의성의 시작이 담겨 있다. 놀람에서 확장된 감정으로, 아이가 세상을 향해 문을 두드리는 첫걸음이다.

감정이 전해주는 말

'나를 인식하는 감정'은 아이가 타인의 시선 속에서 자신을 발견하고, 자신의 존재를 긍정하며 내면의 성장을 이루어가는 과정이다.

할머니 집엔 마음이 익어가요

● **부끄러움**은 마음을 보호하게 하고,

● **자부심**은 자신을 신뢰하게 하며,

● **호기심**은 세상과 나를 잇는 다리가 된다.

이 감정들이 자연스럽게 경험되고 표현될 때, 아이는 자기 자신을 이해하는 힘과 더불어 타인과 관계를 맺는 섬세한 감정의 언어를 배워간다.

나는 어떤 나일까?

01 부끄러움이라는 감정

부끄러움은 마음이 잠시 한 발 물러서는 감정이다. 누군가 나를 바라보는 순간,

'지금 이 모습이 괜찮을까?'라는 생각이 스치면 마음은 자연스레 움츠러든다.

아이에게 이 감정은 단순한 수줍음이 아니다. 세상과 자신을 구분하기 시작했음을 알리는 첫 신호다.

아직은 낯설고 어색하지만, 타인의 시선 속에서 '나는 어떤 사람일까?'라는 질문이 마음에 떠오르는 순간, 아이 안에서는 자신을 바라보는 또 하나의 눈이 자라기 시작한다.

어른 역시 낯선 자리에서 잠시 어색해지는 순간이 있듯, 아이 역시 부끄러움을 통해 나와 세상의 적당한 거리를 배워간다. 그래서 부끄러움 속에는 이미 성장의 씨앗이 숨어 있다. 아이의 마음이 조금 더 깊어지고, 조금 더 넓어지는 출발점이 되는 감정이기 때문이다.

채채는 누군가 칭찬을 하면 부끄러워 고개를 숙이거나 딴 곳을 본다.

아이 역시 부끄러움을 통해 나와 세상의 적당한 거리를 배워간다.

채채는 종종 부끄러움의 얼굴을 드러낸다. 집에서는 종알종알 이야기를 쏟아내다가도, 낯선 사람이 다가오면 몸을 살짝 내 쪽으로 기울이며 손가락을 꼭 쥔다.

"인사하자"

내가 말하면, 채채는 말 대신 아주 어색한 미소로 대답할 때가 많다. 그 미소 속에는 낯섦과 조심스러움, 그리고 자신을 보호하려는 마음이 함께 숨어 있다.

나는 그 순간을 서둘러 지나치지 않으려 한다. "인사해야지."하고 재촉하기보다, 아이 옆에서 그저 함께 서 있는 편을 선택한다.

아이에게 이 시간은 세상과 나 사이의 거리를 느끼고, 그 경계 속에서 자신을 지키는 법을 천천히 익혀가는 중요한 연습이기 때문이다.

마트 아줌마가
주신 선물에
부끄러워 잔뜩
얼어버린 채채

트리 앞에서
얼어버린 멋쩍은
미소를 짓는 채채

채채는 말 대신
아주 어색한 미소로
대답할 때가 많다.
그 미소 속에는
낯섦과 조심스러움,
그리고 자신을
보호하려는 마음이
함께 숨어 있다.

131

제2부 : 나를 인식하는 감정

그날은 '부끄러움'을 주제로 푸놀치를 해보기로 했다. 준비한 재료는 바나나와 상추, 그리고 방울토마토였다.

채채는 바나나를 손에 들고 껍질을 벗기려 했지만 쉽지 않았는지 이내 말했다.

"할머니, 도와주세요."

나는 살짝 웃으며 껍질에 아주 작은 틈만 내주었다.

"이제 채채가 해볼래?"

조심스러운 손길이 껍질을 붙잡고, 살살 힘을 주며 벗겨내기 시작했다. 그 진지한 표정을 바라보며 나도 숨소리를 낮추고 그 모습을 지켜보았다. 마침내 껍질이 쭉 벗겨지자, 채채의 눈이 반짝였다.

"잘하지요?"

"정말 잘했어, 채채야. 혼자 다 했네."

내 말을 듣자 채채의 얼굴에 환한 미소가 번졌다. 곧바로 바나나를 한입 크게 베어 물고는, 순식간에 하나를 다 먹어치웠다. 그리고 기대가 가득한 목소리로 말했다.

"이거 하나 더 까고 싶어요."

그 말속에는 이미 '할 수 있다'는 감각이 자리 잡고 있었다. 부끄러움 뒤에 숨어 있던 마음이 조금씩, 그러나 분명하게 세상 앞으로 한 걸음 내딛는 순간이었다.

바나나 껍질을 집중해서 벗기는 채채. 맛있는 바나나!!

두 번째 바나나를 건넬 때에도 나는 껍질에 아주 작게 틈만 내주었다. 채채는 아무 말 없이 손끝을 움직였다. 잠시 힘이 들어간 표정이 스쳤지만, 이내 환하게 외쳤다.

"됐다!"

스스로 껍질을 벗겨낸 순간이었다. 나는 그 모습을 바라보다가 한 박자 쉬어 물었다.

"채채야, 너 부끄러우면 엄마나 할머니 뒤에 숨잖아, 그렇지?"

채채가 고개를 끄덕이며 짧게 말했다.

"부끄러우니까요. 그냥 부끄러워요."

"바나나도 껍질 안에 숨어 있는 것 같아. 그런데 지금은 채채가 꺼내줬네."

내 말을 들은 채채는 잠시 내 얼굴을 바라보더니, 하하 웃음을 터뜨렸다.

그 웃음은 말로 다 표현하지 않아도 전해지는 공감이었다. 부끄러움이라는 마음의 껍질이 아이의 웃음 속에서 조금씩 열리고 있다는 것을, 나는 마음 깊이 느꼈다.

껍질 안에 바나나는 부끄러울까?

그 웃음은 말로 다 표현하지 않아도 전해지는 공감이었다.
부끄러움이라는 마음의 껍질이 아이의 웃음 속에서 조금씩 열리고 있었다.

제2부 : 나를 인식하는 감정

"그럼 우리 채채의 부끄러운 마음은 어떻게 해볼까?"

내가 묻자, 채채는 잠시 생각하더니 상추 한 장을 접시 위에 조심스럽게 올렸다. 그 위에 자신이 자른 바나나 네 알을 차곡차곡 올려놓고, 상추로 그것들을 꼭꼭 싸기 시작했다. 손끝은 분주했고, 표정은 어느 때보다 진지했다. 그러다 바나나 한 알이 상추 사이로 미끄러져 나오자, 채채는 피식 웃으며 말했다.

"너무 많이 넣었나 봐요."

그 웃음 속에는 아이 마음이 그대로 비쳐 있었다. 상추로 감추었다가 다시 드러내는 그 움직임 속에서, 이미 감정을 조절하고, 알아차리는 연습이 시작되고 있었기 때문이다.

"괜찮아.

조금 새어 나와도 돼. 우리 마음도 가끔 이렇게 흘러나오니까."

그 말을 들은 뒤, 채채의 눈빛은 한결 편안해졌다. 상추 속에 감춰져 있던 것은 단순한 부끄러움이 아니라, 자기 마음을 다루는 법을 몸으로 배워가는 과정이었다.

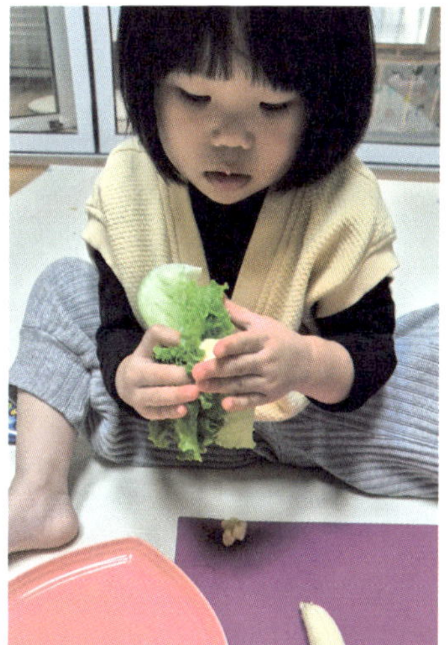

부끄러움을 열심히 싸고 있는 채채의 모습

상추 속에 감춰져 있던 것은 단순한 부끄러움이 아니라, 자기 마음을
다루는 법을 몸으로 배워가는 과정이었다.

활동이 거의 끝나갈 무렵, 채채는 주변을 한 번 차분히 살피더니 말했다.

"할머니, 하트 접시로 하고 싶어요."

나는 미소를 지으며 핑크색 하트 접시를 건네주었다. 채채는 상추 한 장을 펼쳐 놓고 방울토마토를 반으로 잘라 올렸다. 그리고 그 위에 바나나 조각을 하나씩 얹더니, 마지막 조각을 올린 뒤 접시를 바라보며 말했다.

"하트예요."

짧은 말이었지만, 목소리에는 따뜻한 온기가 묻어 있었다. 조금 전까지만 해도 상추로 마음을 꼭 싸던 아이가, 이번에는 그 마음을 사랑스럽게 펼쳐 보이고 있었다.

부끄러움 속에 숨어 있던 마음이 핑크빛 하트 위에서 살포시 고개를 내민 순간이었다.

"채채 마음, 참 예쁘다."

그 말을 듣자 채채는 해맑게 웃었다. 아이의 마음은 이렇게 숨었다가 다시 나타나기를 반복하며, 세상과 연결되는 길을 조금씩 넓혀간다. 그 사이사이, 부끄러움은 두려움이 아니라, 성장을 잠시 쉬어가는 하나의 쉼표가 된다.

그날 핑크 하트 접시 위에 놓인 것은 바나나와 토마토만이 아니었다. 스스로 빛나기 시작한 아이의 마음도 함께 놓여 있었다.

하트를 만들어야지! 예쁘게 ~

제2부 : 나를 인식하는 감정

채채는 자신의 작품을 한참 바라보더니 작게 중얼거렸다.

"이쁘다."

짧은 말이었지만, 그 안에는 잔잔한 뿌듯함과 따뜻한 자부심이 함께 담겨 있었다. 이제 부끄러움은 감춰야 하는 마음이 아니라, 스스로 드러내도 괜찮은 '나의 일부'가 되어가고 있었다. 나는 웃으며 물었다.

"채채가 만든 하트, 정말 예쁘네. 이건 채채 마음이야?"

채채는 고개를 끄덕이며 환하게 웃었다. 그 웃음 속에서 나는 보았다. 부끄러움이 서서히 옅어지고, 그 자리에 자기 자신을 좋아하는 마음이 자연스럽게 머무는 모습을.

아이의 웃음은 부끄러움 또한 마음 안에서 함께 품을 때, 비로소 그 마음이 자라날 수 있다는 사실을 알려주고 있었다.

채채가 만든 하트

이제 부끄러움은
감춰야 하는 마음이
아니라, 스스로
드러내도 괜찮은
'나의 일부'가
되어가고 있었다.
나는 웃으며 물었다.

**부끄러워하는
채채 모습**

아이의 웃음은
부끄러움 또한
마음 안에서 함께
품을 때,
비로소 그 마음이
자라날 수 있다는
사실을 알려주고
있었다.

141

나는 채채를 바라보다가 파란 접시 하나를 꺼냈다. 초록빛 상추로 머리카락을 만들고, 바나나로 환한 미소를, 바나나 조각으로 눈동자를 표현했다. 그리고 방울토마토 두 알을 볼 위에 올려, 낯선 이 앞에서 수줍게 물들던 채채의 뺨을 닮게 표현해 보았다. 완성된 얼굴은 웃고 있었지만, 그 미소 속엔 낯선 사람 앞에서 살짝 몸을 기울여 숨던 채채의 표정이 담겨 있었다.

나는 부드럽게 말했다.

"채채야, 이건 할머니가 본 채채의 부끄러운 얼굴이야."

채채는 아무 말 없이 그 접시를 한참 바라보다가, 이내 고개를 들어 크게 웃음을 터뜨렸다. 그 웃음 속에는 부끄러움을 있는 그대로 받아들이는 여유와, 자신을 따뜻하게 바라봐주는 시선에 안도하는 마음이 함께 섞여 있었다.

그 순간 나는 부끄러움은 숨겨야 할 흠이 아니라, 사랑 속에서 다시 모양을 바꿀 수 있는 마음의 그림자라는 것을.

기분은 좋은데, 조금은 부끄러운

부끄러움을 있는 그대로 받아들이는 여유와, 자신을 따뜻하게 바라봐주는
시선에 안도하는 마음이 함께 섞여 있었다.

에릭슨은 유아기의 발달을 '자율성 대 수치심과 의심'의 단계로 설명한다. 이 시기의 아이는 스스로 해보려는 마음과, 잘못했을 때 느끼는 부끄러움 사이를 오가며, '나도 할 수 있다'는 자율성의 뿌리를 키워간다.

바나나 껍질을 벗기고, 상추로 마음을 싸고, 하트 접시 위에 그것을 펼쳐 보인 채채의 모습은 단순한 놀이가 아니었다. 그것은 자신의 감정을 조절하고 표현해 보는 하나의 연습이었고, 아이 마음이 조금씩 세상을 향해 걸음을 내딛는 과정이었다.

아이의 부끄러움은 도망치는 마음이 아니다. 세상 앞에 서기 위해 잠시 숨을 고르는 준비의 시간에 가깝다. 그 씨앗이 자라날 수 있도록 어른이 해야 할 일은 단순하다. 서두르지 않고, 비교하지 않으며, 아이의 속도에 맞춰 옆에서 기다려 주는 일이다.

심리학자 Tangney와 Fischer(1995)는 부끄러움과 죄책감, 자부심과 당혹감 같은 감정들을 '자기인식 감정(Self-Conscious Emotions)'이라 이름 붙였다. 이 감정들은 타인의 시선을 통해 나를 바라보게 하고, 사회 속에서 어떻게 행동하고 판단할지를 마음으로 배우게 하는 중요한 정서의 바탕이 된다.

그래서 나는 안다. 부끄러움은 약함이 아니라, 마음의 여린 꽃

잎이라는 것을. 그 꽃잎을 감싸주고, 조금 더 시간이 필요할 때는 기다려 줄 수 있을 때, 그 안에서 자율성과 회복탄력성은 천천히, 그러나 단단하게 자리 잡는다.

오늘 채채가 내뱉은 "이쁘다."라는 짧은 말 안에는 부끄러움 속에서 피어난 자기 신뢰의 여린 꽃이 피어나고 있었다.

와우! 신난다

아이의 부끄러움은
도망치는 마음이
아니다. 세상 앞에
서기 위해 잠시
숨을 고르는 준비의
시간에 가깝다.

제2부 : 나를 인식하는 감정

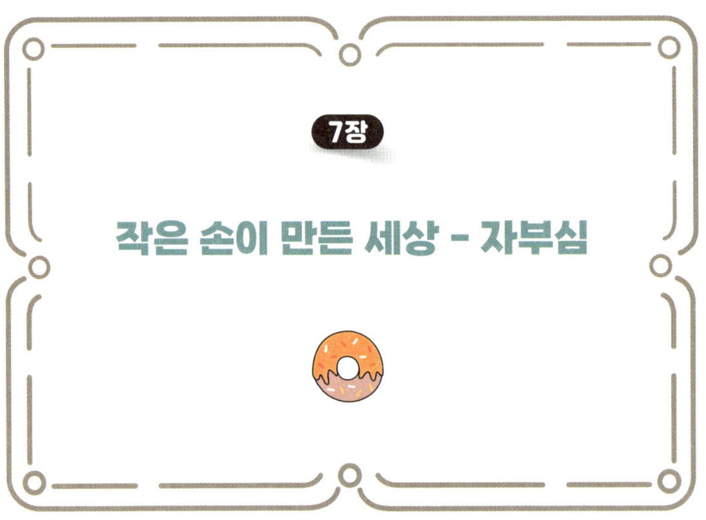

01 마음에 불이 켜질 때

자부심은 마음속에서 스스로 켜지는 은은한 불빛이다. 누군가의 칭찬이 아니라, '내가 스스로 해냈다'는 순간에 타오르는 빛이다. 시도해 보고, 실패해도 다시 해보려는 마음속에서 그 불빛은 조금씩, 그러나 단단하게 자라난다.

그때 아이는 말없이 깨닫는다.

"아, 내가 세상에 무언가를 할 수 있구나."

이러한 자기 믿음의 경험이 쌓일수록 '나는 할 수 있다'는 신념은 마음 깊은 곳에 자부심으로 자리 잡는다.

자부심은 마음속에 자리한 거대한 힘이다. 그 안에서 솟아나는 힘은 우리 아이를 일어서게 하고, 새로운 도전을 가능하게 한다. 그리고 그 자부심은 세상과 자신을 이어주는 든든한 다리가 되어, 아이의 삶 속에서 선한 영향력을 키워가는 중요한 토대가 된다.

중학생들의
팀 작업으로 높게
쌓기 게임

고등학생들의
누가 빨리
높게 튼튼하게
쌓기 게임

시도해보고,
실패해도 다시
해보려는 마음속에서
그 불빛은 조금씩,
그러나 단단하게
자라난다.

아침이면 채채는 신발장 앞에 쪼그리고 앉는다. 발끝을 신발 속으로 밀어 넣고 벨크로를 꾹 눌러 붙이며 말한다.

"됐다!"

짧은 말이지만, 그 안에는 '나도 할 수 있다'는 믿음이 또렷하게 담겨 있다.

왼쪽과 오른쪽이 아직 헷갈려도 괜찮다. 벗었다가 다시 신고, 다시 맞춰보며 스스로 배우는 중이기 때문이다.

이 순간의 채채는 에릭슨이 말한 주도성의 시기를 그대로 살아내고 있다. 실수가 있어도 견디고, 다시 도전하는 이 하나하나의 경험들이 자부심의 뿌리가 되어 마음속에 천천히 내려간다.

스스로 신발을
신는 채채

왼쪽과 오른쪽이
아직 헷갈려도
괜찮다.
벗었다가 다시 신고,
다시 맞춰보며
스스로 배우는
중이기 때문이다.

요즘 채채는 옷을 혼자 입고 벗으려 한다. 소매가 뒤틀리거나 머리가 빠지지 않아도 잠시 멈췄다가 다시 시도한다.

"어? 안 들어가요."

그리고 어느 순간 팔이 쏙 빠져나오면, 두 팔을 번쩍 들어 올리며 외친다.

"됐다!"

그 순간 채채의 표정에는 성취감이 환하게 번진다.

피아제가 말했듯, 이 시기의 아이는 몸의 경험을 통해 세상을 스스로 감당할 수 있다는 감각을 키워간다.

옷을 입는 일은 단순한 동작이 아니라, 자율성과 자부심을 몸으로 익히는 연습이 된다. 그 작은 성공 경험들이 쌓이며, 아이 마음 속에서는 '할 수 있다'는 믿음이 조금씩 자라난다.

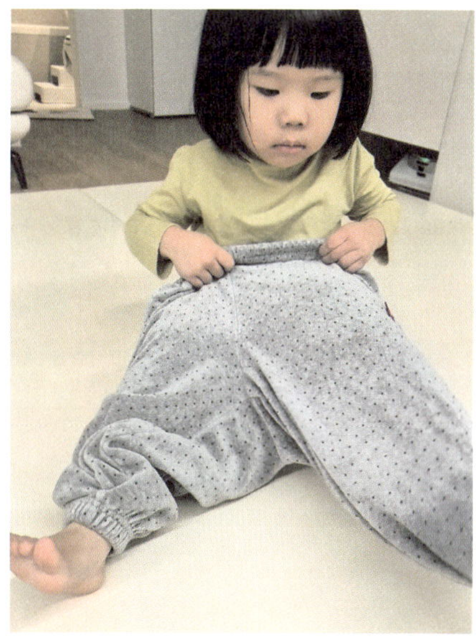

스스로 신발을
신는 채채

옷을 입는 일은
단순한 동작이 아니라,
자율성과 자부심을
몸으로 익히는
연습이 된다.

제2부 : 나를 인식하는 감정

아침이나 저녁이면 채채는 어김없이 말한다.

"내가 할래!"

숟가락을 꼭 쥔 채,

국물이 흘러도 밥알이 떨어져도 멈추지 않는다. 조금씩 밥그릇이 비워질수록 입가에 미소가 번지고, 마지막 한 숟가락을 넘긴 뒤에는 자랑하듯 말한다.

"다 먹었어요."

짧은 말 한마디였지만, 그 안에는 '끝까지 해냈다'는 자기 확신이 담겨 있었다.

한 숟가락, 한 숟가락을 스스로 옮겨 넣는 그 시간 속에서 자부심은 아이 마음에 불빛처럼 켜져 간다. 그 불빛은 곧 다시 도전하게 하는 힘이 되고, 일상을 스스로 만들어가는 자율성의 기초가 된다.

할머니 집엔 마음이 익어가요

**혼자서도 밥을 잘
먹을 수 있어요**

조금씩 밥그릇이
비워질수록 입가에
미소가 번진다.

**채채는 양치질도
잘해요**

일상을 스스로
만들어가는 자율성의
기초가 된다.

제2부 : 나를 인식하는 감정

과자가 잔뜩 담긴 접시를 꺼내놓자 채채의 눈이 반짝였다. 오징어땅콩, 새우깡, 쌀과자, 쿠크다스...

나는 천천히 과자를 하나씩 쌓아 보이며 말했다.

"채채야, 할머니처럼 천천히 올려볼까?"

채채는 신중하게 과자를 집어 들었다. 그러나 반짝이는 눈길이 과자에 먼저 닿는 순간, 새우깡 위에 올린 쌀과자가 툭 하고 무너졌다.

"과자가 나빠요! 이거 나 못하게 해요."

입술이 삐죽 나왔다. 나는 아이 옆에 앉으며 말했다.

"괜찮아, 채채야. 다시 세우면 돼. 쓰러져도 괜찮아."

몇 번의 실패 끝에 마침내 3층탑이 세워지자, 아이의 얼굴이 환하게 밝아졌다.

"됐다!"

그리고 약속했던 오징어땅콩을 올려 입에 쏙 넣으며 크게 웃었다. 그 웃음 속에는 '끝까지 해냈다'는 자부심이 고스란히 담겨 있었다.

탑을 완성한 뒤 채채는 핑크색 도화지에 쌀과자 두 개로 눈을, 하원길에 따 온 산수유 열매로 코를, 새우깡으로 웃는 입을 만들었다.

"이건 나예요."

　자부심은 이렇게 자신을 표현하는 힘으로 자연스럽게 이어지고 있었다. 그 순간 나는, 채채가 스스로 완성한 이 작은 세계가 얼마나 소중한지 새삼 느꼈다.

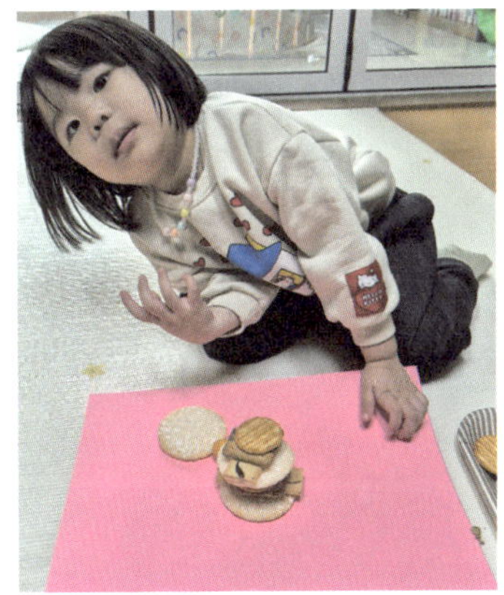

과자 탑 쌓기 너무 힘들어요.

양치 시간, 채채는 거울 앞에 선다. 아직은 서툰 칫솔질이지만, 거품이 입가에 묻고 물이 턱을 타고 흘러도 두 손으로 끝까지 집중한다.

"슥슥... 헹궈야지..."

스스로 중얼거리며 마지막까지 닦고 헹군 뒤, 고개를 번쩍 들고 말한다.

"할머니, 양치질 다 했어요."

그 밝은 웃음은 단순한 보고가 아니다. '끝까지 해냈다'는 안도와 기쁨, 그리고 그 순간을 함께 나누고 싶은 마음이 고스란히 담겨 있다. 거울 속 채채의 눈빛은 조금 더 또렷해져 있었고, 그 안에는 막 태어난 자부심이 고스란히 반짝이고 있었다.

"나는 할 수 있다."

아이의 마음속에서 켜진 이 불빛은 칭찬으로도 자라나지만, 무엇보다 스스로를 믿고 해낸 자신에게 건네는 흐뭇한 미소에서 시작되는 힘이다.

안도와 기쁨,
그리고 그 순간을 함께
나누고 싶은 마음이
고스란히 담겨 있다.

제2부 : 나를 인식하는 감정

요즘 채채는 자신을 '언니'라고 부르는 순간을 무척 자랑스러워한다. 동생이 신발을 혼자 신지 못해 서성일 때면, 채채는 잠시 지켜보다가 차분히 말한다.

"할머니, 나는 언니니까 잘하죠."

"저는 이제 많이 커서 잘하죠."

그 말투에는 으스댐도, 동생을 내려다보는 기색도 없다. 스스로 커지고 있다는 사실을 확인하는 차분하면서도 순수한 기쁨이 담겨 있다.

이 감정은 비교에서 비롯된 우월감이 아니라, '나는 자라고 있다'는 자기인식이다.

이런 순간에 아이의 자부심은 더 깊고 건강하게 마음속에 뿌리내린다.

탑 쌓기 성공 후
표현한 표정

즐거워하는 채채

이 감정은
비교에서 비롯된
우월감이 아니라,
'나는 자라고 있다'는
자기인식이다.

가끔 채채는 신발을 거꾸로 신은 채 성큼 다가온다.

"할머니, 이게 맞아요?"

그 질문 안에는 부끄러움도, 두려움도 없다. 혼자서 다 해낼 수 없을 때 기꺼이 묻고 배우려는 자연스럽고 건강한 마음이 담겨 있다.

"한 번 반대로 신어볼까?"

내가 말하면 채채는 신발을 벗어 방향을 바꿔 신는다. 그리고 두 팔을 번쩍 들며 밝게 외친다.

"이제 맞아요!"

요즘은 걷다가 벨크로가 약해 신발이 벗겨질 때도 있다. 그럴 때 채채는 멈춰 서서 이렇게 말한다.

"신발이 왜 이러지?"

"신발이 이상해요."

나는 그 말을 들을 때마다 아이 마음이 얼마나 단단해지고 있는지 느낀다. 잘되지 않는 순간에도 자신을 탓하지 않고, 상황을 바라보고 이유를 찾으려는 태도. 그 순간의 채채는 '내가 못해서'가 아니라 '무엇이 문제일까'를 생각하고 있다.

그때 나는 깨닫는다. 자부심은 혼자 다 해냈을 때만 생기는 감정이 아니라는 것을. 틀려도 괜찮다는 믿음과 도움을 구할 수 있는 안정감, 다시 시도해 보려는 용기가 함께할 때 아이의 마음은 더 단단해진다.

자부심은 '완벽함'에서 오는 것이 아니라, 묻고, 배우고, 다시 해 보는 과정 속에서 천천히 깊어지는 감정이다.

할머니 궁굼해요

갑자기 궁금해져
계속 질문하는
채채에게
대답하는 할머니

물고기 낚시

물고기를 어떻게
잡는지 궁금해
질문하던 채채를
생각하면서

자부심은 혼자 간직하는 감정이 아니다. 아이는 자신이 해낸 일을 누군가와 함께 기뻐하고, 인정받고, 나누고 싶어 한다.

푸놀치 활동에서 쌓았던 과자 탑도 그랬다. 쓰러진 탑을 다시 세웠던 순간, "먹는 건 나중에"라고 약속을 지키며 끝까지 기다렸던 시간, 과자로 만든 자신의 얼굴을 바라보며 환하게 웃던 표정까지. 그 모든 경험의 과정은 채채의 마음속에서 자부심의 씨앗들이 하나씩 싹이 트는 시간이기도 했다.

"할머니, 나 혼자 했어요."

담담한 목소리였지만, 그 말은 분명한 선언이었다.

'나 할 수 있어요.'

세상을 향해 처음 건네는 신호이자, 스스로의 존재를 확인하는 소중한 선언이었다.

할머니이자 상담사인 나는 안다. 이런 성취의 순간들이 쌓일수록 아이는 자신을 믿고, 세상을 향해 더 씩씩하게 걸어가게 된다는 것을.

오늘도 채채는 신발을 신으며 환하게 말한다.

"됐어요!"

그 한마디는 지금도 내 마음에 남아 있다. 손끝에서 싹튼 자부심은 채채의 마음속에서 천천히, 그러나 분명하게 자리 잡고 있다.

그 자부심은 아직 작지만 분명하다. 그리고 언젠가, 세상 어디에서든 채채를 지켜줄 내적인 힘이 되어 줄 것이다.

**우리는
사이좋은 자매**

아이의 마음은
이렇게 자란다.
설명을 통해서가
아니라, 관계 속에서
감정을 주고받는
경험을 통해서.

01 세상을 여는 창문

호기심은 아이 마음에 스며드는 떨림이다. 무언가를 알고 싶다는 미세한 움직임이 촉수가 되어, 세상을 향해 뻗어 나가는 순간이다.

"할머니, 이건 왜 그래요?"

"이건 뭐예요?"

채채의 하루는 이런 물음들로 이어진다. 궁금함이 눈빛을 밝히고, 손끝은 새로운 것을 찾아 분주해진다.

에릭슨은 이 시기를 '주도성 대 죄책감'의 단계로 설명한다. 스

할머니 집엔 마음이 익어가요

스로 탐색할 수 있는 경험이 쌓일수록 아이는 세상을 자신만의 속도로 이해해 가고, 그 과정에서 자신을 조금씩 넓혀간다.

그래서 채채의 '왜요?'라는 질문은 불안이 아니라, 세상과 마음을 잇는 첫 발걸음이다. 그 발걸음 위에서 아이는 세상을 배우고, 낯선 것을 두려워하기보다 가까이 들여다보는 힘을 키워간다.

호기심은 아이가 세상과 친구가 되어 가는 방식이며, 멈추지 않고 이어지는 마음의 움직임이라는 것을. 나는 다시금 확인하게 된다.

**내 가방은
내가 들어요.**

아이는 자신이
해낸 일을 누군가와
함께 기뻐하고,
인정받고, 나누고
싶어 한다.

**여기에는
무엇이 있을까?**

호기심은
아이 마음에
스며드는
떨림이다.

등원하던 아침, 채채가 갑자기 걸음을 멈추더니 하늘을 올려다보았다. 전선 위에 앉아 있던 새들이 짹짹거리며 날개를 털다가, 푸드덕 소리를 내며 하늘로 날아올랐다.

"할머니, 짹짹이는 어디로 갔어요?"

"아마 집으로 갔을 거야."

그러자 곧이어 끝없이 이어지는 질문들.

"집이 어디예요?"

"왜 날아요? 사람도 날 수 있어요?"

짧은 등원길이었지만, 채채의 호기심은 쉼 없이 펼쳐졌다. 사라진 새를 바라보는 아이의 눈빛 속에는 세상을 알고 싶고, 직접 확인해보고 싶은 마음이 잔잔히 퍼지고 있었다.

나는 걸음을 멈추고 아이의 손을 잡아주었다.

"채채도 자라면 더 높이 볼 수 있을 거야."

그 말을 들은 채채는 알쏭달쏭한 눈빛으로 다시 하늘을 올려다보았다. 새가 사라진 빈자리 위로 아이의 눈빛이 더 환하게 반짝였다. 그 미세한 반짝임을 바라보며 나는 깨달았다. 호기심은 아이의 마음을 위로 들어 올려 세상으로 향하게 하는, 자신감 어린 날갯짓이라는 것을.

짹짹아! 우리는
어린이집 간다

전선 위에 앉아 있던
새들이 짹짹거리며
날개를 털다가,
푸드덕 소리를 내며
하늘로 날아올랐다.

가을 산책길, 채채는 나무에 달린 붉은 열매를 한참 바라보다가 물었다.

"할머니, 왜 색이 달라요?"

"햇살을 받아서 익어가는 거야."

채채는 손을 뻗어 열매를 살짝 건드려 보았다. 그리고 곧바로 또 하나의 마음이 고개를 들었다.

"이거 따도 돼요? 이거 갖고 싶어요."

그 말에는 단순히 '갖고 싶다'는 마음보다, 직접 만지고 확인해 보고 싶은 탐색의 마음이 담겨 있었다. 나는 부드럽게 말했다.

"조금만 더 기다려보자. 아직은 나무가 키워주는 중이야."

아쉬운 듯 채채는 손을 거두었지만, 눈빛만큼은 여전히 반짝였다. 익어가는 열매처럼, 아이의 호기심도 햇살 속에서 천천히 자라고 있다. 그 반짝임을 바라보며 나는 깨닫는다. 호기심은 기다림 속에서도 사라지지 않고, 아이 마음을 세상으로 향하게 하는 힘으로 남아 있다는 것을.

이것은 뭐예요?

익어가는 열매처럼,
아이의 호기심도
햇살 속에서
천천히 자라고 있다.

169

하원 후 오후 4시, 우리는 거실 바닥에 분홍색 도화지를 펼쳤다. 그 위에는 나비넥타이, 하트, 조개, 나선 모양의 파스타가 가지런히 놓여 있었다.

햇살이 바닥에 스며들자 파스타가 은근히 반짝였다. 채채는 눈을 동그랗게 뜨며 외쳤다.

"이건 라면 같아요! 이건 하트예요!"

손은 바쁘게 움직이며 파스타를 굴리고, 돌리고, 늘어놓았다. 그러다 하나를 집어 입에 넣곤 얼굴을 살짝 찡그렸다.

"음… 맛이 없어요."

나는 웃으며 말했다.

"그건 삶아야 맛있지."

그러자 채채는 잠시 생각하더니 눈을 껌뻑이며 말했다.

"그럼 다음에 끓여서 먹어요."

호기심은 이렇게 아이의 하루를 새롭게 바꾼다. 그날의 파스타는 음식이 아니라, 세상을 탐험하게 만드는 하나의 경험이었다.

호기심 가득한 눈빛으로 파스타 탐험 중

손은 바쁘게 움직이며 파스타를 굴리고, 돌리고, 늘어놓았다.
그러다 하나를 집어 입에 넣곤 얼굴을 살짝 찡그렸다.

삶은 파스타를 가져오자, 채채의 눈이 반짝였다.

"와~ 이건 뭐예요?"

"아까 놀던 파스타를 삶은 거야."

따뜻한 면이 손끝에 닿는 순간, 채채는 눈을 크게 뜨며 말했다.

"이거 끈적거려요. 손 씻어야 해요."

"그래, 다 하고 같이 씻자."

잠시 뒤 채채는 다시 파스타를 한 움큼 집어 다른 접시로 옮기기 시작했다. 손끝은 분주했고, 몰입한 눈빛이 반짝였다. 감각이 경험이 되고, 그 경험이 다시 배움으로 이어지는 순간이었다.

파스타 한 가닥을 입에 넣었다가 다시 찡그리며 말했다.

"이것도 맛없어요."

나는 부드럽게 웃으며 대답했다.

"그래, 이건 먼저 마음으로 놀아보고, 그다음에 양념해서 맛있게 먹는 거야."

거실 바닥 위에서 파스타를 굴리고, 돌리고, 다시 만지며 채채의 손끝에서 세상은 천천히, 그러나 분명하게 열리고 있었다.

파스타는
어떤 맛일까?

파스타 한 가닥을
입에 넣었다가
다시 찡그리며 말했다.
"이것도 맛없어요."

채채는 여러 모양 중에서도 하트를 가장 좋아했다.

"할머니, 채채는 하트 접시 할래요."

삶은 파스타를 보자 손이 분주해졌다. 하트뿐 아니라 나비와 조개, 나선 모양의 파스타를 하나씩 하트 접시 위로 옮겨 담았다.

"이쁘다. 좋아요. 재미있어요."

짧은 언어 표현들. 이 말들은 자신이 느끼는 감정을 언어로 옮기는 채채만의 방식이다.

채채는 '하트'가 사랑의 상징이라는 의미를 아직 정확히 알지 못할 수도 있다. 하지만 좋다고 느끼는 마음을 스스로 선택하고, 그 감정을 접시 위에 담아 보는 이 시간은 자기감정을 알아차리는 연습의 장이 된다.

라면이 알록달록 무지개 같아요

삶은 파스타를 보자 손이 분주해졌다. 하트뿐 아니라 나비와 조개,
나선 모양의 파스타를 하나씩 하트 접시 위로 옮겨 담았다.

　나는 옆에서 파스타로 '나'와 '채채'를 만드는 모습을 보여주었다. 그 모습을 바라보던 채채가 갑자기 말했다.

　"할머니처럼 하고 싶어요. 다른 접시 주세요."

　새 접시를 받자마자 채채는 파스타를 한 알 한 알 옮기며 조심스럽게 말했다.

　"이건 나고, 이건 할머니예요."

　짧은 말이었지만, 그 안에는 함께 있고 싶다는 마음과 관계의 온기가 담겨 있었다. 호기심은 이렇게 모방에서 창조로, 따라 하기에서 자기표현으로 자라난다. 접시 위에 놓인 파스타들은 두 사람의 이야기를 말없이 전하고 있었다.

채채의 작품

호기심은 이렇게
모방에서 창조로,
따라 하기에서
자기표현으로
자라난다.

할머니의 작품

접시 위에 놓인
파스타들은
두 사람의
이야기를 말없이
전하고 있었다.

푸놀치 활동이 끝나자 채채는 삶은 파스타를 손가락에 끼워 빙글빙글 돌리기 시작했다.

"할머니, 이거 던져보고 싶어요."

종이 위로 파스타를 던지자 '툭' 하는 소리가 났고, 채채는 깔깔 웃었다. 나는 웃으며 말했다.

"이제 진짜 놀이는 끝났네."

하지만 채채의 눈빛은 여전히 반짝이고 있었다. 손끝에는 아직 '조금 더 해보고 싶은 마음'이 남아 있었다.

탐색은 마무리되었지만, 호기심은 멈추지 않았다. 아이의 마음 안에서 놀이는 '끝'이 아니라, 언제나 '다음'을 향해 열려 있다.

할머니 집엔 마음이 익어가요

**다시 작품을
만드는 채채**

채채의 눈빛은 여전히
반짝이고 있었다.

**다시 표현한
채채의 작품**

호기심은 멈추지
않았다.
아이의 마음 안에서
놀이는 '끝'이 아니라,
언제나 '다음'을
향해 열려 있다.

179

"할머니, 왜 이렇게 돼요?"

채채의 하루는 질문으로 시작해 질문으로 끝난다. 그 물음은 단순히 이유를 찾기 위한 것이 아니라, 세상과 대화하려는 마음의 신호다. 나는 곧바로 대답을 내놓지 않는다.

"글쎄, 우리 같이 한 번 볼까?"

그 말에 채채는 다시 손끝을 움직인다. 파스타를 굴리고, 조각을 모으며, 스스로 확인해보고 싶은 눈빛이 반짝인다. 잠시 후 채채가 말했다.

"할머니, 이건 하트예요. 근데 하나는 부서졌어요"

"그래도 괜찮아, 하트는 다시 만들 수 있지."

그러자 채채는 조심스레 부서진 조각을 모아 붙이며 담담하게 말했다.

"됐다."

짧은 한마디였지만, 그 안에는 시도와 탐색, 그리고 성취의 기쁨이 모두 담겨 있었다. 호기심은 단순한 궁금증이 아니라, 아이가 스스로 세상과 이어지려는 첫 마음이다. 그리고 그 마음은 아이 곁에서 서두르지 않고 기다려주는 어른이 있을 때, 더 깊어지고 더 멀리 자라난다.

하트 한 조각, 삶은 면 한 줄, 접시 하나 위에서 채채의 세상은 오늘도 새롭게 자라고 있었다. 나는 그 모습을 바라보며 마음속으로 말했다.

"그래, 호기심은 네가 세상을 향해 내딛는 첫 발걸음이구나." 그 길 위에서 아이의 마음은 천천히, 그러나 분명하게 뿌리를 내리고 있다.

**같은 듯
다른 손녀들...**

호기심은 단순한
궁금증이 아니라,
아이가 스스로
세상과 이어지려는
첫 마음이다.

관계를 따뜻하게 잇는 감정

관계를 따뜻하게 잇는 감정

신뢰, 애착, 돌봄을 통해 타인과 연결되는 감정들

(Plutchik의 확장 감정 중 '사랑·신뢰·기대' 영역을 바탕으로)

"할머니, 나 사랑해요."

그 말 한마디에 따뜻한 마음의 온기가 천천히 퍼져 나갔다. 아이는 혼자 자라지 않는다. 처음 품에 안긴 순간부터, 아이의 마음은 관계 속에서 자라고, 사랑을 통해 세상을 배워간다. 사랑받는 경험은 세상을 안전한 곳으로 느끼게 하고, 그 안에서 비로소 마음을 놓는다.

로버트 플러칙(Robert Plutchik)은 기본 감정이 서로 결합하며 더 복합적인 감정으로 확장된다고 설명했다. 그는 사랑·신뢰·기대와 같은 감정이 인간이 타인과 연결되고 관계를 지속하게 하는 중요

할머니 집엔 마음이 익어가요

한 감정의 흐름이라고 보았다. 나는 이 흐름 위에서, 이 장에서는 사랑과 감사라는 감정을 만나고자 했다.

아이와의 일상에서 내가 실제로 마주한 감정이 바로 이 두 가지였기 때문이다. 사랑은 관계를 시작하게 한다. 그리고 감사는 그 관계를 머물게 하고, 다시 돌아보게 하는 감정이다.

아이는 누군가에게 돌봄을 받을 때, 그 돌봄을 '의무'로 느끼지 않는다. 대신 마음으로 기억한다. 함께해 준 시간, 기다려 준 순간, 나를 향해 건네진 시선 속에서 아이는 관계의 온기를 배운다. 그 온기를 알아차리는 마음이 바로 감사다.

그래서 감사는 예의를 가르치기 위한 감정이 아니다. 관계를 경험한 뒤, 그 관계를 마음에 남기는 방식이다. 타인을 향한 감사뿐 아니라, 스스로에게 "괜찮았어", "잘 해냈어"라고 건네는 마음 또한 관계를 이어주는 중요한 감정이 된다.

이 장에서는

사랑을 통해 마음이 열리고,

감사를 통해 마음이 머무르는 순간들을 함께 바라보고자 한다.

감정 구성

■ 사랑 — 함께 있으면 마음이 자라요

사랑은 애착의 감정이다. 안정된 관계 속에서 아이는 세상과 사람을 향해 마음을 연다. 따뜻한 품과 다정한 손길 속에서 아이의 마음이 자연스레 밀한다.

"나는 사랑받아도 되는 존재야."

■ 감사 — 관계를 오래 남게 하는 마음

감사는 관계 속에서 자라나는 감정이다. 받은 마음을 알아차리고, 그 따뜻함을 다시 떠올리는 순간, 관계는 더 깊어진다. 감사는 타인을 향한 공감과 배려를 넓히며, 마음을 나누는 또 하나의 언어가 된다.

푸드표현예술치료의 '감사 롤'이나 '감사 밥상'처럼, 감정을 눈으로 보고 손끝으로 표현하는 과정 속에서 감사는 설명하지 않아도 자연스럽게 전해진다.

감정이 전해주는 말

'관계를 따뜻하게 잇는 감정'은 아이에게 사람과 함께 살아가는 법을 가르친다.

- **사랑**은 마음을 열게 하고,
- **감사**는 관계를 오래 머물게 한다.

이 두 감정이 일상 속에서 충분히 경험될 때, 아이는 관계를 부담이 아닌 기억하고 싶은 공간으로 받아들이게 된다.

푸드표현예술치료는
그 감정들을 '말'이 아닌 감각으로,
'가르침'이 아닌 경험으로 만나게 한다.

마음의 이야기가 시작되는 자리

제3부 : 관계를 따뜻하게 잇는 감정

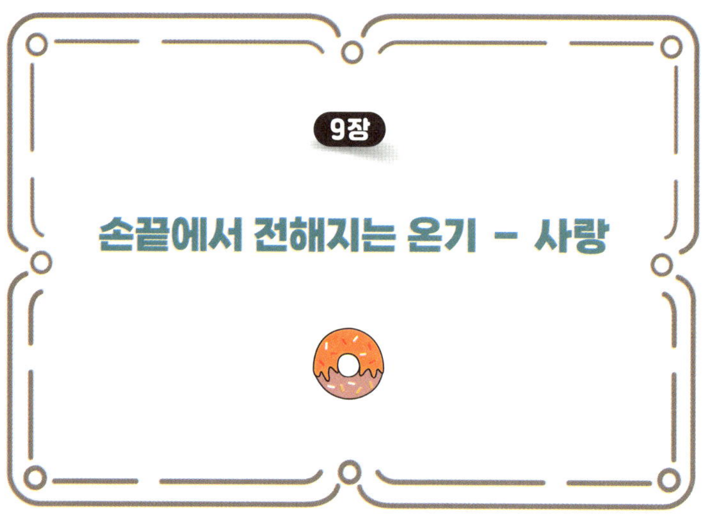

01 사랑의 손끝에서 자라나는 온기

"할머니, 이거 같이해요."

그 순간, 말보다 먼저 따뜻한 온기가 전해졌다. 사랑은 이렇게 아주 사소한 순간에 자라난다. 아이는 사랑을 통해 자신이 소중한 존재임을 배우고, 그 배움을 다시 타인을 향한 다정함으로 돌려준다. 사랑은 단지 하나의 '감정'이 아니라, 마음이 닿는 관계의 언어다.

그 언어는 아기의 미소 속에서도, 유아기의 포옹 속에서도, 그리고 "같이 하자"는 손짓 속에서도 드러난다.

에릭슨은 유아기를 신뢰를 바탕으로 주도성과 관계 형성을 동

할머니 집엔 마음이 익어가요

시에 배우는 시기라고 설명했다. 사랑은 바로 이 두 가지를 잇는 다리다.

아이는 스스로 해보고 싶어 하면서도, 여전히 누군가의 손길을 필요로 한다. 그 과정 속에서 아이는 '사랑받는 경험'과 사랑을 표현하는 힘을 함께 배워간다. 그래서 사랑은 늘 손끝에서 시작된다. 잡아주는 손, 기다려 주는 손, 그 손 안에서 아이의 마음은 천천히, 그러나 분명하게 자라난다.

왕 할머니
뭐 하세요?

왕 할머니
감 빨리 주세요.

아이는 스스로
해보고 싶어 하면서도,
여전히 누군가의
손길을 필요로 한다.

며칠 전, 왕 할머니 댁에 놀러 갔을 때였다. 마당에는 감나무가 주황빛으로 물들어 있었고, 왕 할머니는 전지를 들고 감을 따 정성스레 칼로 껍질을 깎고 계셨다. 채채는 그 모습을 한참 바라보다가 물었다.

"왕 할머니 뭐해요?"

"감 깎고 있지."

왕 할머니가 웃자, 채채는 동생들과 함께 바짝 다가갔다. 감 껍질이 돌돌 말리며 내려오는 장면이 신기한지, 그 궤적을 눈으로 따라가고 있었다. 그 순간, 나는 채채가 처음으로 '돌봄의 손길'을 바라보고 있다는 느낌을 받았다. 아이의 마음은 그렇게, 스며들 듯 따뜻함을 배워가고 있었다.

사랑은 언제나 이렇게 평범한 순간에 깃든다. 말보다 먼저 전해지는 손끝의 온기, 바라보는 눈빛 속의 다정함. 그 모든 것이 아이의 마음에 천천히 자리 잡아 '사랑'이라는 언어로 자라나고 있었다.

동생이 태어 날 때쯤
왕 할머니 댁에서
시간을 보내는 채채

여름이면
왕 할머니 댁에서
하는 수영놀이는
너무 신나요

며칠 후, 우리는 용인 왕 할머니, 그러니까 친가 왕 할머니가 농사 지으신 고구마를 삶아 푸놀치 활동을 했다. 따뜻한 김이 모락모락 피어오르자 채채가 말했다.

"이거 왕 할머니 거예요."

나는 웃으며 물었다.

"그럼 전주 왕 할머니야, 아니면 용인 왕 할머니야?"

채채는 잠시 생각하더니 또렷하게 말했다.

"감은 전주 왕 할머니 거고, 이 고구마는 용인 왕 할머니 거예요."

그 기억은 자연스럽게 사랑으로 이어지고 있었다. 나는 포크로 고구마를 으깨며 물었다.

"이걸로 뭘 만들어볼까?"

채채는 고개를 갸웃하더니 대답했다.

"하트요."

그 말에 나는 미소를 지으며 하트 모양 틀을 꺼냈다. 채채는 조심스럽게 고구마를 눌러 담으며 말했다.

"왕 할머니 줄 거예요."

달콤한 고구마 향기 속에서 전주의 사랑과 용인의 정성이 하나로 이어지고 있었다. 돌보는 손길과 기억하는 마음, 그 온기가 채채의 손끝에서 퍼져 나오며 사랑의 모양으로 천천히 빚어지고 있었다.

사랑으로 바라보는
채채의 눈

어떤 사랑의 틀이
좋을까요?

채채는 조심스럽게
고구마를 눌러
담으며 말했다.
"왕 할머니 줄 거예요."

제3부 : 관계를 따뜻하게 잇는 감정

채채는 고구마 반죽을 하트 틀에 꾹꾹 눌러 담았다. 손끝에 힘을 주며 수저로 모양을 다듬다가 잠시 멈추더니 말했다.

"할머니, 이거 넣는 거 힘들어요. 할머니 도와주세요."

그 말투에는 도움을 청하는 마음보다, 함께하고 싶다는 바람이 묻어 있었다. 나는 고개를 끄덕이며 말했다.

"그래, 우리 같이 해보자"

채채의 손등 위에 내 손을 포갰다. 따뜻한 온기가 닿자 채채는 금세 웃음을 지었다. 손끝이 서로 맞닿은 채 움직이며, 하트 틀 안의 고구마는 천천히 모양을 찾아갔다. 잠시 후 틀을 들어 올리자, 고구마 향이 퍼지며 노란빛 하트 하나가 모습을 드러냈다.

"이쁘다."

그 말 속에는 스스로 해낸 기쁨과 함께 만들어 낸 순간의 따뜻함이 고스란히 담겨 있었다. 그 하트는 단순한 모양이 아니라, 사랑이 손끝에서 익어가는 시간의 기록이었다.

**왕 할머니의
사랑을 담아요**

꾹꾹 담은 사랑

그 하트는 단순한
모양이 아니라,
사랑이 손끝에서
익어가는 시간의
기록이었다.

195

검은 접시 위에 하얀 요거트를 살살 펴 바르며 내가 말했다.

"채채야, 여기에 사랑이라고 써볼까?"

채채는 곧장 내 손을 잡았다.

"채채도 할래요."

작은 손이 내 손 위에 포개졌다. 요거트는 숟가락 끝에서 마음대로 흘렀고, 글씨는 반듯하지 않았다. 획은 삐뚤었고, 모양도 고르지 않았다. 하지만 그 글씨는 혼자 쓴 것이 아니었다. 채채의 손과 내 손이 함께 움직이며 써 내려간, 둘이 만든 글씨였다.

"이쁘다."

채채는 그렇게 말했다.

그 글씨가 예쁜 이유는 모양 때문이 아니었다. 손을 잡고 함께 썼기 때문이었다. 사랑은 언제나 그렇게 완성된다.

채채는 하원 길에 주워온 산수유 열매로 하트를 만들며 내내 즐거워했다. 어설픈 모양에도 얼굴은 환했다.

요거트의 부드러움, 고구마의 따뜻함, 산수유의 선명한 빨강 접시 위에서 겹쳐질 때, 그것은 더 이상 놀이가 아니었다. 사랑을 손끝으로 쓰고, 몸으로 기억하는 시간이었다. 글씨는 이쁘지 않았다. 하지만 그날 우리가 함께 쓴 '사랑'은 아주 분명했다.

사랑이라 쓴 글씨는 채채의 손과 내 손이 함께 움직이며 써 내려간, 둘이 만든 글씨였다.
글씨는 이쁘지 않았다. 하지만 그날 우리가 함께 쓴 '사랑'은 아주 분명했다.

채채는 하트 모양 고구마 위에 블루베리와 산수유 열매를 하나씩 올렸다. 붉은 산수유 열매를 집어 들 때마다 눈빛이 반짝였다.

"이거 엄마 아빠 줄 거예요."

그 말에 나는 고개를 끄덕였다.

"그래, 엄마 아빠가 아주 좋아하시겠다."

채채의 손끝에서 완성된 하트 접시 위에는 단순한 음식만 놓여 있는 것이 아니었다. 누군가를 떠올리는 마음, 건네고 싶은 온기, 그리고 '주고 싶다'는 사랑의 싹이 함께 담겨 있었다.

사랑은 언제나 이런 마음에서 시작된다. 받는 일보다 먼저, 누군가에게 건네고 싶어지는 따뜻한 마음에서. 그 마음은 채채의 손끝에서 천천히 자라나고 있었다.

몰입하는
공주님
너무 진지한것
아니야?

누군가에게
건네고 싶어지는
따뜻한 마음에서.
그 마음은 채채의
손끝에서 천천히
자라나고 있었다.

제3부 : 관계를 따뜻하게 잇는 감정

　채채에게는 언제나 함께 하는 친구가 있다. 바로 팬더 인형이다. 잠잘 때도 꼭 품에 안고, 어린이집에 갈 때도 손에 꼭 쥔 채 나선다.

　"할머니 팬더는 채채가 사랑해요."

　그 말에 나는 고개를 끄덕였다.

　"그래, 팬더가 있어서 채채는 참 좋겠다."

　추운 날이면 채채는 팬더를 옷 속에 넣어 꼭 품어주곤 했다.

　"이러면 팬더가 안 추워요."

　외출할 때도 팬더를 꼭 끌어안고 함께 나섰다. 식당에 가면 의자 옆에 앉혀두고, 숟가락을 들어 밥을 먹이는 시늉을 하기도 했다. 그 몸짓 하나하나에 돌봄과 배려의 마음이 고스란히 담겨 있었다.

　팬더를 토닥이며 속삭이는 채채의 손끝에서 사랑은 말보다 먼저 흘러나온다. 가장 가까운 존재를 품고 지켜주려는 그 마음속에서, 채채의 다정함은 오늘도 자라나고 있다.

팬더는 내 친구

어린이집 가는 길에도,
병원에 가는 길에도
팬더는 언제나
채채의 다정한 친구

채채의 하루에는 사랑이 곳곳에 묻어 있다. 아침이면 환하게 웃으며 나를 끌어안고, 책을 펼칠 때면 "같이 해요"라고 말한다. 하지만 언제나 다정하기만 한 것은 아니다. 동생과 장난감을 두고 다투기도 하고, "싫어요!" 하고 소리칠 때도 있다. 그럴 때면 집 안은 잠시 전쟁터가 되기도 한다.

그러다 조금 지나면, 채채는 어느새 다가와 말한다

"같이 놀아요."

짧은 말속에 화해의 손짓과, 다시 사랑으로 돌아가고 싶은 마음이 담겨 있다.

요즘 채채는 동생을 바라보며 자주 말한다.

"언니가 해줄게"

"엄마, 채희도 하고 싶대요."

그 말속에서 동생을 향한 관심과 다정함이 천천히 자라고 있다.

사랑은 이렇게 완벽하지 않은 날들 속에서 배워가는 감정이다. 때로는 부딪히고, 울고, 다시 웃으며 가족 안에서 마음의 언어를 익혀간다. 채채의 하루하루는 그 자체로 사랑을 배우고 실천해 가는, 신나고도 소중한 삶의 연습장이다.

**물 먹고 싶어
언니가 줄게**

요즘 채채는
동생을 바라보며
자주 말한다.
"언니가 해줄게"

**동생을 안아주는
다정한 채채**

동생을 향한 채채의
다정함은 오늘도
자라나고 있다.

고구마로 한 푸놀치 활동이 끝나자, 채채는 남은 고구마 조각을 손끝으로 만지작거리며 말했다.

"이거 던져보고 싶어요."

"그래, 살짝만 던져보자."

내 말에 채채는 종이 위로 고구마를 조심스럽게 던졌다. '톡' 하는 소리가 들리는 순간, 깔깔 웃음이 방 안에 퍼졌다. 그 웃음 속에는 놀이를 더 이어가고 싶은 마음과 무언가를 함께 나누고 싶은 다정함이 담겨 있었다.

사랑은 완성된 형태로 딱 끝나는 감정이 아니다. 놀이가 끝난 뒤에도 이어지는 웃음처럼, 사랑은 마음 안에서 천천히 이어지고 확장된다.

상담사로서 나는 안다. 사랑을 느끼고 표현한 경험은 아이의 마음에 깊은 안정감을 심고, 세상을 향한 신뢰의 바탕이 된다는 것을. 그리고 할머니로서도 안다. 오늘 채채가 만든 하트 모양 고구마, 요거트로 남긴 '사랑'의 흔적, 왕 할머니의 손끝에서 배운 따뜻한 장면들까지.

그 모든 순간은 채채의 마음속에 오래 머물며, 앞으로의 삶 어딘가에 온기로 남아 있을 것이다.

우리는 삼총사

엄마와 아빠 역시
조용하고 내향적인
성향을 가지고 있다.
채채는 자연스레
그 따뜻하고 섬세한
기질을 닮아가고
있는 듯하다.

01 따뜻함이 스며드는 순간

감사는 마음 깊은 곳에서 천천히 스며 나오는 따뜻한 감정이다. 누군가의 사려 깊은 배려와 다정한 손길, 함께 있어 주는 순간만으로도 고마움은 자연스럽게 자리를 잡는다.

"고마워요."

짧은 말이지만, 그 안에는 단순한 예의를 넘어 '당신 덕분이에요'라는 마음의 온기가 담겨 있다. 감사는 관계의 언어이며, 아이가 세상과 연결되는 첫 다리다.

아이가 아직 그 말을 서툴게 건네더라도, 감사의 씨앗은 이미 마음속에서 자라고 있다. 미소로, 손길로, 눈빛으로 먼저 피어나는 감정.

감사는 언제나 말보다 먼저, 마음 안에서 가장 부드럽게 모습을 드러내는 사랑의 표현이다.

현재를 감사하며

제3부 : 관계를 따뜻하게 잇는 감정

채채는 고마울 때 말보다 마음을 담은 몸이 먼저 움직이는 아이다. 간식을 받으면 두 손으로 꼭 쥐고 나를 바라보다가, 말 대신 갑자기 와락 안기곤 한다. "고마워요"라는 말은 없지만, 그 품의 온기만으로도 감사의 마음은 충분히 전해진다.

감사는 이렇게 말보다 먼저 눈빛과 몸짓으로 시작된다. 채채는 조금 내성적이고 수줍은 기질을 지닌 아이이고, 엄마와 아빠 역시 조용하고 내향적인 성향을 가지고 있다. 채채는 자연스레 그 따뜻하고 섬세한 기질을 닮아가고 있는 듯하다.

그래서 나는 서두르지 않는다. 채채가 스스로 표현할 수 있을 때까지 기다리며, 단어 하나와 표정 하나를 함께 살피고 느낀다. 감사는 가르침보다 기다림 속에서 천천히 자라는 감정이다. 아이가 마음의 빛을 스스로 발견하도록 지켜보는 일, 그것이야말로 감사가 싹트는 가장 자연스러운 방식이다.

사랑이
넘쳐나는 채채!

사랑을 느끼고 표현한
경험은 아이의
마음에 깊은
안정감을 심고,
세상을 향한 신뢰의
바탕이 된다.

제3부 : 관계를 따뜻하게 잇는 감정

나는 귤 세 알을 들고, 아침 등원을 도와주기 위해 채채 집에 갔다.

"채채야, 접시에 예쁘게 올려볼까?" 하고 말하자 채채는 금세 눈을 빛내며 대답했다.

"제가 해볼게요!"

채채는 귤을 천천히 까서 동그랗게 가지런히 올려놓았다. 푸놀치를 몇 번 해봤다고, 자기 방식으로 표현하는 그 손끝에서 새삼 성장이 느껴졌다. 그러다 갑자기 달려가 싱크대 위에 있던 자기 비타민을 챙겨 와 귤 사이에 톡톡 올려놓았다. 그 표정은 참 진지하면서도, 한편으로는 무척 행복해 보였다.

옆에는 아침으로 먹던 구운 계란도 한쪽에 자리를 잡았다. 계란마저 재료가 되는 아이의 세계는 참 자유롭고 창의적이다. 그렇게 채채의 접시 위에는 귤과 비타민, 구운 계란이 이미 하나의 작품처럼 놓여 있었다.

이것은 단순한 과일 접시가 아니라,

'오늘의 채채'가 담긴 따뜻한 마음의 그림이었다.

아침 식사가 귤꽃으로 변하는 시간

계란마저 재료가 되는 아이의 세계는 참 자유롭고 창의적이다.

귤 작품이 마음에 쏙 들었는지, 채채는 이번엔 식탁으로 달려가 바나나 하나를 들고 왔다.

"이것도 올려도 돼요?"

나는 웃으며 말했다.

"그럼, 해보고 싶으면 해도 되지."

채채는 바나나 껍질을 익숙하게 벗기더니, 주저함도 없이 두 손으로 '탁' 잘라 작품 위에 올렸다. 그 표정이 얼마나 진지하고 행복해 보이던지, 나는 순간 말을 잃었다.

잠시 뒤, 접시 위에는 귤, 비타민, 구운 계란, 그리고 바나나까지 더해져 있었다.

채채의 세계가 한 접시 위에서 자연스럽게 어우러지고 있었다. 단순한 조합이 아니라 '지금 채채 마음 그대로'가 놓여 있는 느낌이었다.

"이 멋진 작품, 누구에게 줄까?" 하고 묻자

채채는 망설임 없이 대답했다.

"할머니!"

그 한마디에 가슴이 철렁 내려앉을 만큼 고마웠다. 나는 바로 말했다.

“채채야, 고마워. 진짜 멋지다.”

그런데 옆에서 엄마가 장난스럽게 말했다.

“엄마는 선물 없어요?”

그 말을 들은 채채는 잠시 생각하더니, 조금 전 사용하고 남은 바나나 껍질과 계란 껍데기를 다른 검은 접시에 차곡차곡 올려놓기 시작했다. 껍질은 버려지는 것이 아니라, 또 하나의 작품으로 업사이클링(Upcycling, 새활용)되었다. 아이의 손끝은 형태를 만들고, 색을 살피고, 촉감을 느끼며 엄마만을 위한 또 하나의 선물을 완성해 갔다.

채채는 매트 바닥에서도 이야기를 이어 갔다. 귤 조각과 비타민을 여기저기 놓으며 혼자 중얼거리기도 하고, 표정을 바꾸며 감정을 손끝으로 흘려보냈다. 그 모습이 얼마나 자유롭고 생생하던지, 나는 그저 그 모습을 바라볼 뿐이었다.

오늘 채채의 손에서 태어난 작품들은 과일도, 껍질도, 아침 식사도 모두 감정을 표현하는 언어가 되고 있었다. 아이의 세계에서는 버려지는 것이 없고, 모든 것이 마음을 표현해 주는 재료가 되었다.

그래서 나는 다시 깨닫는다. 감정과 감사의 마음은 가르치는 것이 아니라, 아이의 손끝과 상상 속에서 함께 자라고 피어나는 것임을.

제3부 : 관계를 따뜻하게 잇는 감정

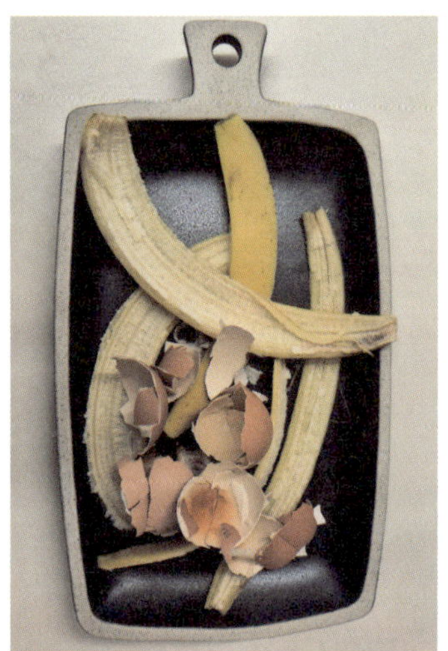

채채의 손은 램프의 주인, 지니 같아요

맛있게 먹은 뒤 껍질은 마음을 새롭게 하며 예술적으로 업사이클링(Upcycling, 새활용)
되어 새로운 가치로 표출되고 있었다.

할머니 집엔 마음이 익어가요

오늘은 푸놀치 활동으로 '감사 김밥'을 만들었다. 거실 바닥에는 김과 밥, 여러 재료들이 놓였고, 그 사이로 따뜻한 공기가 함께 퍼졌다.

채채는 김 위에 밥을 올리고 노란 단무지를 얹으며 말했다.

"이건 엄마 거, 이건 아빠 거, 이건 할머니 거."

손이 움직일 때마다 김밥 안에는 감사한 마음이 차곡차곡 말려들어갔다. 밥알이 흘러내리면 "아이쿠!" 하며 웃고, 단무지가 삐뚤게 놓이면 다시 손끝으로 곱게 다듬었다.

"할머니, 이거 자꾸 도망가요!"

단무지가 미끄러지자 입술을 삐죽 내밀며 말했다.

"할머니, 힘들어요. 도와주세요."

나는 채채의 손 위에 내 손을 살짝 포개며 말했다.

"이렇게 살살 굴리면 돼."

"아~ 이렇게 하는 거예요?"

"그래, 아주 잘하고 있어."

손끝에 힘이 더해지자 김이 천천히 말리며 모양을 갖추기 시작했다.

"됐다!"

그 한마디 안에는 성취감과 사랑, 그리고 감사가 함께 담겨 있었다. 잠시 후 채채는 또 다른 김을 펼치며 말했다.

"엄마 거는 더 예쁘게 할래요."

그리고 엄마가 좋아하는 노란 재료를 골라 올리며 덧붙였다.

"이건 엄마가 좋아하는 노란색이에요."

재료 하나를 올릴 때마다 '주고 싶은 마음'이 채채의 손끝에서 자라고 있었다. 완성된 김밥을 하나씩 통에 담으며 채채는 차례로 이름을 붙였다.

"이건 엄마 거, 이건 아빠 거, 이건 이모, 이모부 거."

마치 마음을 상자에 담는 듯 조심스러운 손끝. 김 향이 퍼지는 거실 안에는 따뜻한 웃음이 가득 번지고 있었다.

셀리그만 박사는 감사는 단순히 고마움을 느끼는 감정을 넘어, 지속적인 행복과 웰빙(Flourish)을 위한 핵심적이고 과학적인 도구로 정의했다. 셀리그만은 감사가 긍정적인 경험을 음미하게 하고, 자존감을 높이며, 스트레스를 완충하는 효과가 있다고 보았다(2020).

채채는 일상에서 받은 사랑을 감사라는 구체적인 행동으로 표현하며 감정을 전했다. 받은 사랑을 다시 건네고 싶은 마음, 그 마음이 아이를 깊고 따뜻하게 자라게 한다.

할머니 집엔 마음이 익어가요

손이 움직일 때마다 김밥 안에는 감사한 마음이 차곡차곡 말려 들어갔다. 밥알이 흘러내리면 "아이쿠!" 하며 웃고, 단무지가 삐뚤게 놓이면 다시 손끝으로 곱게 다듬었다.

채채에게 감사는 언제나 마음보다 행동이 말이 먼저이다. 3~4살 유아에게 감사는 감정의 깊이보다는 사회적 상호작용과 모방을 통해 학습이 이루어지기 때문이다. 요즘 채채는 스스로 느낀 감정을 조금씩 말로 옮겨보려 애쓰고 있다. 어느 날, 엄마가 만든 국을 먹으며 채채가 조심스레 말했다.

"엄마, 맛있어요."

반짝이는 눈빛 속에는 '좋아요'와 '고마워요'가 함께 담겨 있었다. 또 다른 날에는, 내가 과일을 깎아 주었을 때였다. 채채는 잠시 나를 바라보다가 나직한 목소리로 말했다.

"맛있어요."

짧은 말이었지만 마음은 분명하게 전해졌다. 아직 감정을 세밀한 단어로 구분하지 못해도, 표정과 눈빛, 말투 속에는 감사의 빛이 은근히 스며 있다.

고마움과 미안함, 좋아함과 서운함이 뒤섞이기도 하지만, 그 모든 과정을 거치며 아이의 감정은 자라고 있다. 그래서 채채가 "맛있어요."라고 말할 때마다 나는 그 안에 담긴 따뜻함을 알아본다.

감사는 말로 완성되는 감정이 아니다. 웃음과 말 사이에서, 마음이 먼저 익어가며 자연스럽게 자라나는 감정이다.

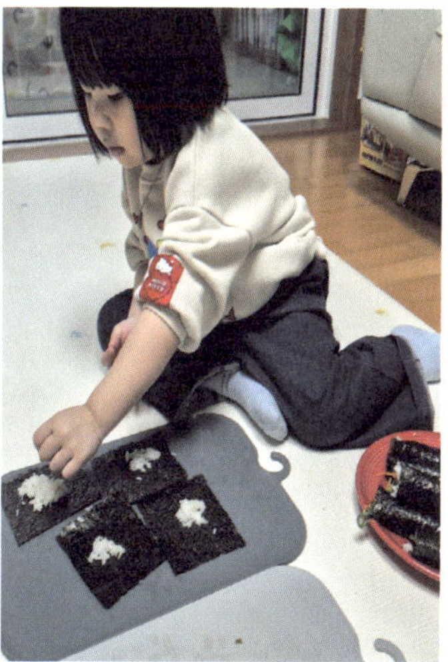

구름이 하트가 되고, 가족 김밥이 갑자기 할머니 선물이 되다.

고마움과 미안함, 좋아함과 서운함이 뒤섞이기도 하지만, 그 모든 과정을 거치며
아이의 감정은 자라고 있다.

감사는 언제나 순조롭게 자라지는 않는다. 어느 날, 동생이 채채의 장난감을 가져갔다.

"동생이 먼저 놀고, 채채가 나중에 하자."

내가 말하자 채채는 입술을 꼭 다물었다. 잠시 침묵이 흐른 뒤, 조심스러운 목소리가 들려왔다.

"나는 동생한테 장난감을 줬는데 동생은 고마워요 안 했어요. 그래서 동생이 미워요."

그 말속에는 솔직한 마음이 담겨 있었다. 섭섭함과 서운함, 그리고 '마음을 주고받고 싶다'는 기대까지. 채채에게 감사는 단순한 예절이 아니라 함께 마음을 나누는 일이었다.

나는 천천히 말했다.

"동생이 아직 어려서 말로는 표현 못 하지만, 마음속으로는 분명 고마워하고 있을 거야."

채채는 잠시 생각하더니 고개를 끄덕였다.

"그럼 이번엔 같이 놀래요."

감사는 이해와 화해의 순간 속에서 더 깊어진다. 서운함을 겪고, 다시 마음을 열어보는 경험을 통해 아이는 관계의 온도와 감정이 오가는 방식을 배워간다.

**울어도 소용없어
이것은 채채거야!**

감사는 이해와
화해의 순간 속에서
더 깊어진다.

221

감사는 마음에서 자연스럽게 일어나는 움직임이다. 감사라는 단어를 생각만 하여도 우리 마음은 긍정정서로 바뀌고 뇌의 긍정 신경회로가 활성화된다. 어느 날 채채가 엄마에게서 사탕 두 개를 받아 왔다. 하나는 손바닥에 꼭 쥔 채 숨기고, 다른 하나는 조심스럽게 내게 내밀었다.

"할머니 거."

아이의 손에서 건네진 사탕 하나가 세상에서 가장 큰 선물처럼 느껴졌다. 감사는 거창한 말이나 특별한 의식에서 시작되지 않는다. 감사는 누군가 나누어 준 마음 한 조각이 내 안에서 깊은 울림이 되어, 다정한 온기로 되돌려주고 싶어 질 때 싹트는 감정이다. 그 사탕 하나는 단순한 과자가 아니었다.

채채의 마음속에서 처음 피어난 '주고 싶은 마음' 그 반짝이는 사랑의 빛이 비로소 감정을 드러낸 순간이었다.

사이좋 게 까까를
나누어 먹어요

동생과 병원놀이

동생이 아프다고
의사 선생님이 되어
치료해주는 채채

피아제는 아이가 감각과 경험을 통해서 세상을 배운다고 말했다. 에릭슨은 이 시기를 '주도성 대 죄책감'의 단계로 설명한다. 감사는 바로 이 시기에 아이 마음에 자신감과 관계의 온기를 심어주는 감정이다.

채채에게 감사는 예절이 아니다.

"할머니 거."

"엄마 거."

이처럼 짧은 표현 속에서도 채채는 마음을 나누고, 누군가와 연결되는 감정을 익혀가고 있다.

나는 상담사로서도, 그리고 할머니로서도 안다. 감정이 언어로 자라나기까지는 시간이 필요하다는 것을. 그래서 채채의 속도에 맞춰 기다린다. 표정과 몸짓 속에서 싹트는 감사의 움직임을 함께 바라본다.

감사는 가르치는 감정이 아니라, 함께 느끼고 경험하며 자연스럽게 익혀가는 마음의 언어다. 아이가 자신의 속도로 감사를 배워갈 수 있도록 옆에서 걸어주는 것, 그것이 내가 믿는 가장 따뜻한 사랑의 방식이다.

**사랑스러운
못난이들**

감사는 가르치는
감정이 아니라,
함께 느끼고
경험하며 자연스럽게
익혀가는
마음의 언어다.

감정이 자라는 시간

채채의 마음은 사계절을 닮은 듯하다.

"할머니, 봄이 언제 와요?

어느 날 문득 던졌던 그 물음처럼, 채채의 마음은 웃음으로 피고, 눈물로 젖으며, 천천히 그러나 단단하게 자라왔다.

그 마음의 여정은 하루아침에 만들어진 것이 아니다. 여러 날의 웃음과 울음, 그리고 수많은 손끝의 순간들이 모여 비로소 하나의 이야기가 되었다.

기쁨은 자신의 얼굴을 만들며 "맛있어요!" 하고 웃던 순간에 번져갔다.

슬픔은 동생이 먼저 영상을 보며 "그렇게 하면 불편하잖아."라고 말하던 서운한 마음에 스며들었다.

　화는 동생이 장난감을 빼앗았을 때, 손끝에 힘을 주어 당근을 "툭" 부러뜨리며 마음을 표현하던 그 에너지 속에 머물렀다.

　두려움은 "이거 어려워요." 하며 조심스레 손을 내밀던 용기 속에 있었다.

　놀람은 등원길, 하늘로 날아오르던 짹짹이를 바라보며 "짹짹이는 어디로 갔어요?"라 고 묻던 반짝이는 눈빛 속에 살아있었다.

　호기심은 세상을 알고 싶어 새로운 것을 만지고, 이것저것 탐색하던 손끝에 머물렀다.

　자부심은 스스로 신발을 신으며 "됐어요!"라고 외치던 그 또렷한 목소리에 담겨 있었다.

　부끄러움은 낯선 사람 앞에서 옷자락을 붙잡던 손끝에서 고개를 들었다.

　사랑은 전주 왕 할머니 댁 마당에서 단감을 따던 오후, 하트 모양 고구마 위에 블루베리와 산수유를 올리며 "엄마, 아빠 줄 거예요."라고 말하던 그 목소리 속에서 자라났다.

　감사는 거실 바닥에서 함께 김밥을 말며 "이건 엄마 거, 이건 아빠 거, 이건 할머니 거." 하고 웃던 얼굴 위에 고요히 머물렀다.

에필로그 : 감정이 자라는 시간

그렇게 채채는 열 가지의 감정을 만나며 자라왔다.

기쁨은 사랑으로 이어지고,

사랑은 감사로 깊어지며,

감사는 다시 따뜻한 미소로 돌아왔다.

감정은 가르치는 것이 아니라,

함께 살아내며 펼쳐지는 것임을

나는 다시 배운다.

상담사로서, 그리고 할머니로서 나는 그 감정의 계절을 함께 걸어왔다. 때로는 웃음으로, 때로는 눈물로 감정의 이름을 하나씩 불러주며 그 마음이 자라는 시간을 곁에서 지켜보았다.

감정은 아이의 세상을 넓히고, 타인을 향한 마음을 익히게 하며, 스스로를 이해하는 거울이 된다. 이제 채채는 세상을 조금 더 다정한 눈으로 바라본다. 그리고 나는 안다.

감정은 결국, 사랑으로 언제나 돌아온다는 것을.

오늘도 채채는 내게 다가와 묻는다.

"할머니, 나 잘했죠?"

나는 고개를 끄덕이며 천천히 말한다.

할머니 집엔 마음이 익어가요

"그래, 채채야.

네 마음이 참 예쁘게 자랐어."

모든 이야기는 이렇게 피어난다.

상담사로서, 그리고 할머니로서 나는 그 감정의 계절을 함께 걸어왔다.
때로는 웃음으로, 때로는 눈물로 감정의 이름을 하나씩 불러주며
그 마음이 자라는 시간을 곁에서 지켜보았다.

에필로그 : 감정이 자라는 시간

채채야, 천천히 자라도 괜찮아. 마음이 먼저 자라도 괜찮고, 몸이 먼저 커도 괜찮아

할머니는 언제나 네 편으로, 네 속도에 맞춰 곁에 있을게

채채야.

이 글을 쓰는 지금, 너는 어느새 41개월이 되었구나. 이 이야기를 처음 쓰기 시작했을 때, 너는 36개월쯤이었지. 그때의 너는 할머니 집에 오면 늘 물었어.

"이거 해요?"

그러면 나는 그 말에 웃으며 대답했지.

"그래, 오늘은 이걸 해볼까?"

이제는 달라졌구나. 요즘 너는 "할머니 집에 갈까?" 하고 물으면 당연하다는 듯 고개를 끄덕이며 말하지.

"응, 할머니 집에 갈 거야. 나 그거 할 거야."

푸놀치는 이제 너의 일상에 자연스럽게 스며든 놀이가 되었구나. 예전에는 혼자 해야 한다고 생각하던 자리에서 이제는 재료를

할머니 집엔 마음이 익어가요

집어 들고 말하지.

"언니가 줄게."

동생에게 먼저 내미는 그 손에서 너의 마음이 얼마나 자랐는지 느낄 수 있었어.

이 글을 쓰는 중간에 할머니는 병원에 잠시 머물러야 했단다. 머리에 붕대를 감고 누워 있었던 날, 너는 화면 속의 나를 보더니 조용히 한 걸음 물러났다고 들었어.

"왜 뒤로 갔어?"

엄마의 물음에 너는 이렇게 말했다지.

"할머니가 아픈 것 같아서… 슬퍼요."

그 말을 들으며 할머니는 울었단다. 아파서가 아니라, 네 마음이 그만큼 깊어졌다는 걸 느꼈기 때문이야.

요즘 너는 할머니가 아프다는 걸 기억하고 외출할 때 동생이 안아 달라고 하면 말하더라.

"할머니 아픈데, 힘들게 하면 안 돼."

그 말에는 잔소리보다 걱정이 먼저 담겨 있었어.

채채야, 할머니는 채채의 말을 들으며 가슴이 뭉클하고 따스해졌단다. 우리 채채가 예쁘게 자라고 있는 것을 곁에서 지켜볼 수 있어 감동이거든. 몸만이 아니라 마음이 함께 자라고 있는 예쁜 채채, 고맙구나.

사랑의 편지 : 할머니는 언제나 네 편으로, 네 속도에 맞춰 곁에 있을게

예전에는 금세 흩어지던 집중이 이제는 한 가지 행동에 오래 머문다고 들었어. 만들고, 생각하고, 고치고, 끝까지 바라보는 너의 모습은 할머니에게는 기적 같아.

이 글은 네가 무엇을 잘했는지 기록하려는 글이 아니야.

다만 할머니가 너를 얼마나 사랑하고, 얼마나 자랑스럽게 바라보고 있는지를 기억으로 남기고 싶어서 쓰는 글이란다.

언젠가 네가 조금 더 커서 이 글을 읽게 되면 이것만은 꼭 알았으면 해. 너는 아주 어린 나이에 배려하는 마음을 배웠다는 것을. 그리고, 사랑을 주고받는 방법을 온몸과 마음으로 익혀 온 아이였다는 걸.

할머니는 그 모든 시간을 네 옆에 함께 있었다는 것이 무한한 기쁨이고 감동이란다.

채채야, 천천히 자라도 괜찮아. 마음이 먼저 자라도 괜찮고, 몸이 먼저 커도 괜찮아. 할머니는 언제나 네 편으로, 네 속도에 맞춰 곁에 있을게.

사랑해. 아주 많이.

2026년 2월 까치까치 설날을 기다리며 할머니가

할머니 집엔 마음이 익어가요

김지유, 김민용 (2019). 『푸드표현예술치료』. 서울: 창지사.

마틴 셀리그만(2020). 마틴 셀리그만의 플로리시(floulish)

　- 긍정심리학의 웰빙과 행복에 대한 새로운 이해. 물푸레.

Erikson, E. H. (1950). Childhood and Society.

　New York: W. W. Norton & Company.

Piaget, J., & Inhelder, B. (1969). The Psychology of the

　Child. New York: Basic Books.

Ekman, P. (1992). An Argument for Basic Emotions.

　Cognition and Emotion, 6(3-4), 169-200.

Plutchik, R. (1980). Emotion: A Psychoevolutionary

　Synthesis. New York: Harper & Row.

Tangney, J. P., & Fischer, K. W. (Eds.). (1995).

　Self-conscious emotions: The psychology of shame, guilt,

　embarrassment, and pride. Guilford Press.

저자소개

강민주

상담심리전공 철학박사

한국푸드표현예술치료협회 부회장이자 다원심리상담교육센터 센터장이다. 아이의 마음을 삶의 자리에서 이론과 경험으로 함께 읽어 온 심리상담사이자 푸드표현예술치료 전문가로, 밥상 위의 감각과 일상의 장면 속에서 감정이 드러나는 순간을 20여년을 바라봐 왔다.

아이의 마음은 말보다 먼저 자란다. 할머니 집에 머무는 동안, 마음은 천천히 익어간다.
『할머니 집엔 마음이 익어가요』는 상담심리학 박사이자 푸드표현예술치료 전문가인 저자가 할머니로서 아이 곁에 머물며, 상담가의 시선으로 바라본 일상의 순간들을 기록한 감정 에세이다.

바나나를 벗기고, 접시 위에 얼굴을 만들고, 말없이 함께 있는 시간 속에서 아이의 감정은 안전해지고, 어른의 마음은 다시 숨을 쉰다.

아이의 감정을 앞서 가르치기보다 함께 기다리고, 함께 머무는 자리에서 돌봄이 어떻게 마음을 키워 가는지를 담담하게 보여준다.

E-mail : klsh0519@hanmail.net

한국푸드표현예술치료협회 K-FEAT
https://cafe.daum.net/k-feat

할머니 집엔 마음이 익어가요

초판인쇄	2026년 2월 20일
초판발행	2026년 2월 27일
지은이	강민주
펴낸이	김지유
기획·편집	김지유
디자인	오종국 (Design CREO)
총감독	임혁빈
펴낸곳	행복열기
주소	충남 예산군 예산로 114번길 2층
전화	041-335-0977
이메일	mykey326@naver.com
등록번호	제 2022-000047호
등록	2022년 12월 13일

가격 16,000원

ISBN 979-11-997541-0-2 (03180)

♣ 잘못 만들어진 책은 구입처에서 교환 가능합니다.

이 책은 행복열기와 저자의 지적 재산으로서 무단 전재와 복사를 금합니다.
행복열기는 보다 더 나은 세상을 만들어가기 위해 사람들의 행복과 건강,
마음치유에 대한 좋은 책을 만들려고 함께 합니다.
독자여러분의 소중한 의견을 기다립니다.

이 책이 당신의 마음 정원에도
감정의 씨앗을 심어주기를 바란다.
그 씨앗이 자라 꽃이 되고,
다시 세대와 세대를, 마음과 마음을 잇는
다리가 되기를 바란다.